AF478037

Biblioteca PHotoBolsillo

Agustí Centelles

PHoto**Bolsillo**   LA FABRICA EDITORIAL

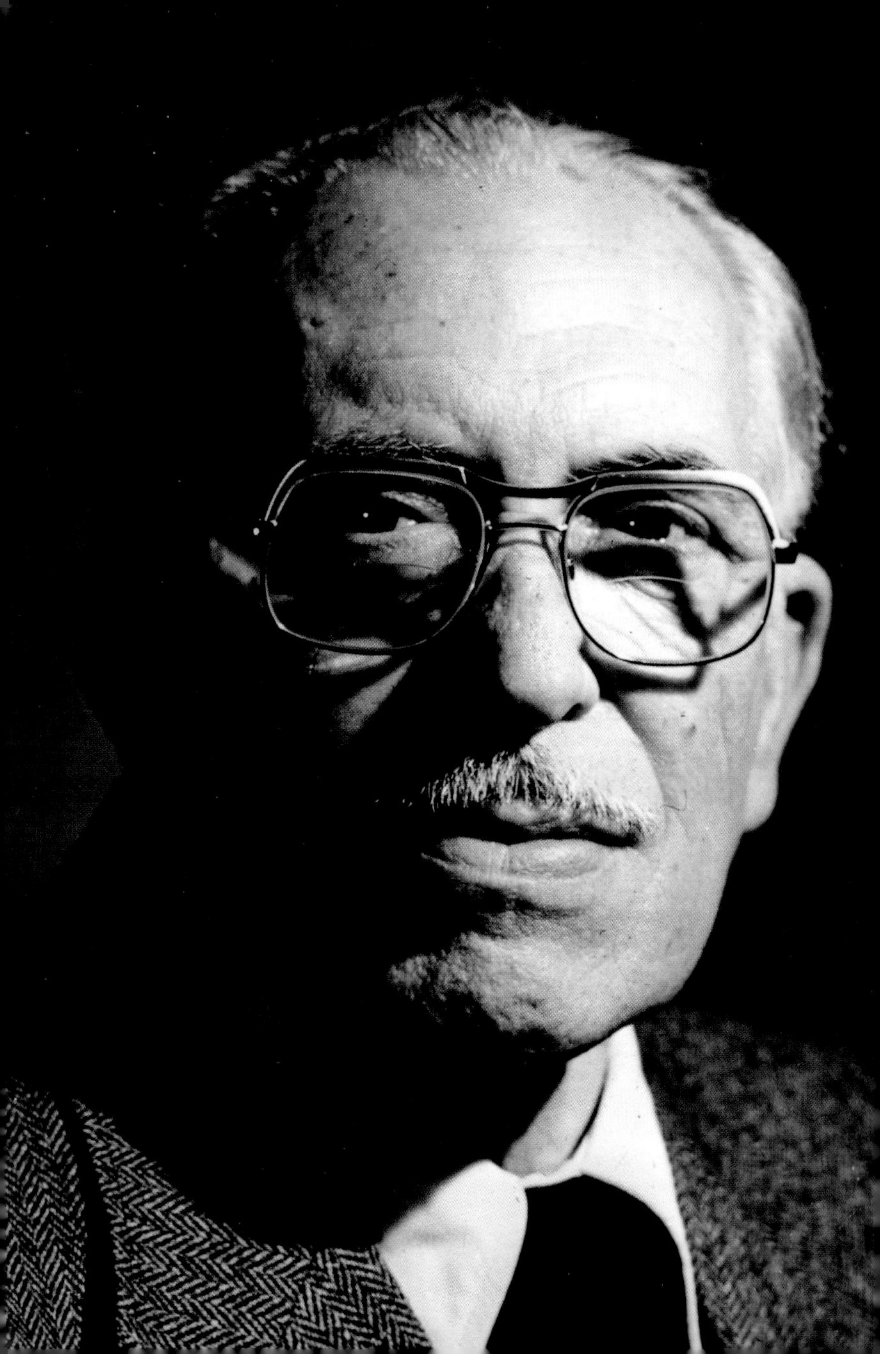

Centelles
La maleta de Centelles

Por Julio Llamazares

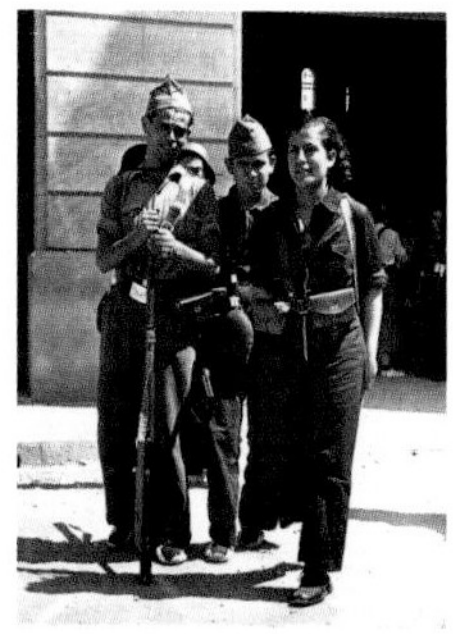

Voluntarios para el frente, 1936

En las guerras hay gente –la mayoría– que empuña un arma y gente –la minoría– que empuña una cámara o una pluma. Tanto una como otra son partícipes de aquéllas, pero su responsabilidad es muy diferente. Aunque compartan los mismos acontecimientos.

En la guerra civil española se dieron cita algunos de los mejores fotógrafos del momento. Todos venían movidos por la oportunidad de fotografiar el primer enfrentamiento civil al fascismo emergente en la Europa de los años treinta, pero también, en algunos casos, por la solidaridad que sentían para con uno de los dos bandos, mayoritariamente para con el republicano. Como los combatientes de las Brigadas Internacionales, muchos de aquellos fotógrafos se comprometieron de esa manera, aunque fuera solamente a través de su trabajo, con la causa que defendía el pueblo español en armas. Robert Capa, Seymour, Reisner, fueron algunos de esos fotógrafos que unieron sus nombres a los de nuestra contienda, como Hemingway u Orwell

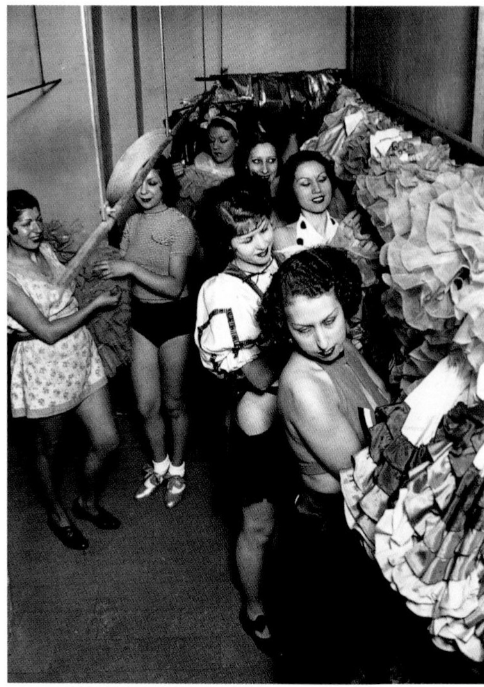

El Molino. Barcelona

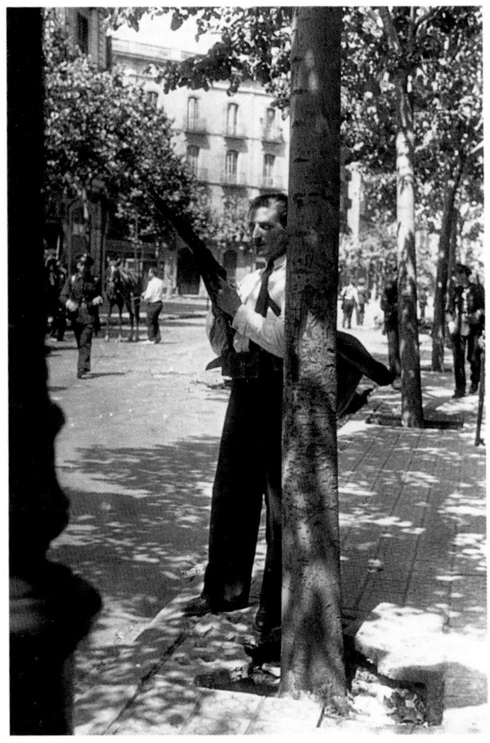

(éste también como combatiente) lo fueron entre los escritores.

Pero, contra lo que muchos creen, no todos los fotógrafos que fotografiaron la guerra civil española fueron extranjeros. Hubo uno, por lo menos, que no sólo hizo lo mismo (fueron muchísimos, como es lógico, tanto profesionales como aficionados), sino que lo hizo con tanta fortuna o más que los más renombrados de aquéllos. Se trata de Agustí Centelles, cuyo trabajo permaneció escondido durante décadas, pero al que afortunadamente la historia le hizo justicia antes de su desaparición.

La historia de Centelles es una más de las miles de historias de la guerra. De la española, tan abundante y tan rica en ellas, y en la que el joven fotógrafo catalán (valenciano de nacimiento) participó activamente desde los primeros días. Primero como fotógrafo, acompañando al ejército de la República por los frentes de Aragón y

Milicianos leyendo la prensa

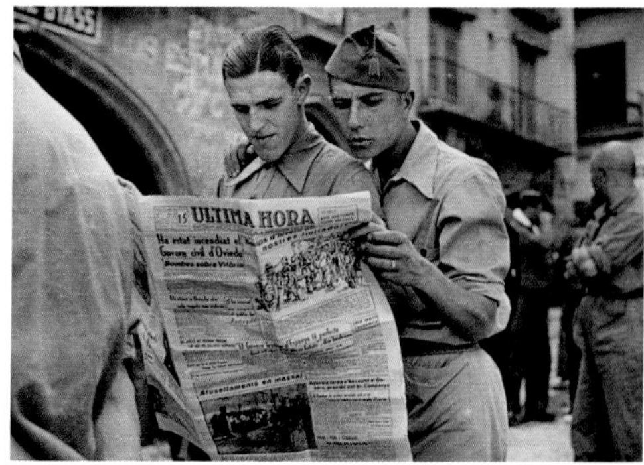

Cataluña, y luego trasladando fuera de España, por encargo de las autoridades republicanas, todo el fondo fotográfico que habían reunido sobre la guerra. Lo hizo en una maleta que le acompañaría más tarde por los diversos campos de concentración franceses que tuvo que conocer y aún por la retaguardia de la Resistencia, en la que Centelles participó también, hasta que, ante el peligro de que cayera en manos de los alemanes (con el riesgo que se supone para cuantos aparecían en las fotografías), decidió darla al cuidado de una familia amiga de Carcasona, con el encargo de que la conservara hasta que él volviera a buscarla.

Tardó en hacerlo treinta y dos años. Fue el tiempo que trascurrió desde que Agustí Centelles entregó su tesoro a aquélla hasta que, muerto Franco, pudo regresar a Francia, donde la familia a la que se la confió le devolvió la maleta tal como él se la había dado antes de partir. Entre medias, Centelles había vivido, como cualquier compatriota regresado del exilio, en el silencio y el ostracismo más absolutos (él, que había sido uno de los fotógrafos de prensa más reputados de Cataluña), dedicado a la fotografía de estudio en el que abrió en Barcelona, donde se había reunido con su familia. Juzgado y condenado por los vencedores, algunos de ellos antiguos colegas suyos, las autoridades franquistas le negaron el carnet de prensa.

Pero la historia le haría justicia. Después de todos esos años, después del oscurantismo y de la ingratitud que hubo de vivir en ellos, Centelles encontraría el reconocimiento gracias precisamente a aquella maleta con la que había cruzado la frontera meses antes del final de la

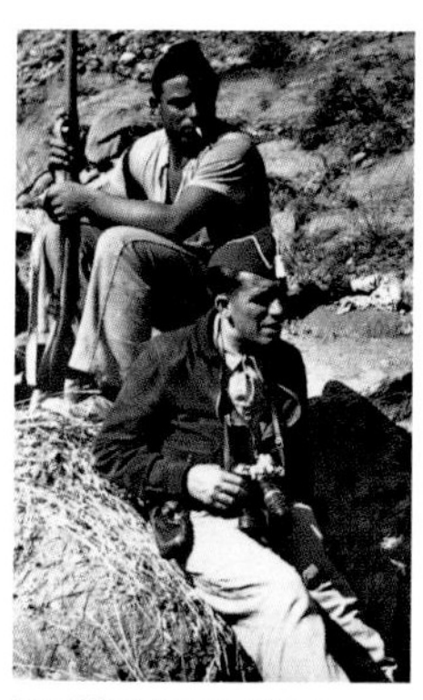

Agustí Centelles en el frente

guerra civil. Junto a los fondos fotográficos que las autoridades republicanas de Cataluña le habían encomendado, estaban los suyos propios, que al fin pudieron conocerse y que le restituyeron a su auténtico lugar: el que siempre había merecido el hombre, hijo de una familia obrera valenciana emigrada a Barcelona cuando él tenía dos años, que realizó algunas de las fotografías más impactantes de la guerra civil española. Algunas forman parte por derecho de nuestra historia del siglo XX y quedarán como testimonio de una contienda sangrienta cuyas secuelas todavía siguen vigentes a setenta años de su estallido.

La llegada de la democracia le supuso también a Centelles la recuperación del carnet de prensa, así como el Premio Nacional de las Artes Plásticas, que obtuvo en 1984. Murió un año después, en 1985, en Barcelona, la ciudad en la que pasó su vida.

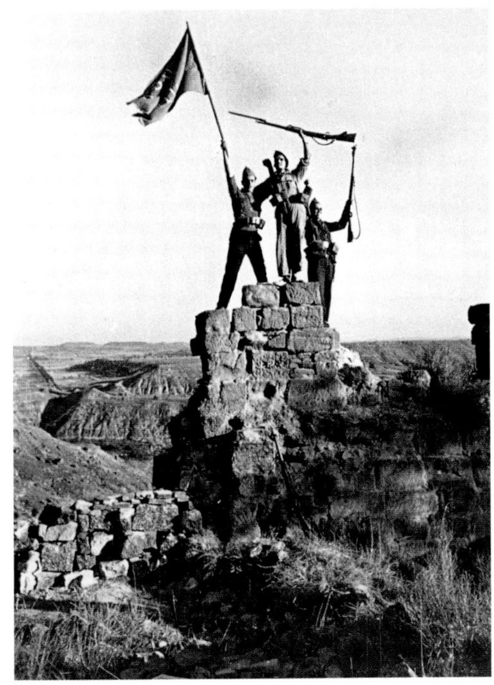

Toma de Montearagón, 1936

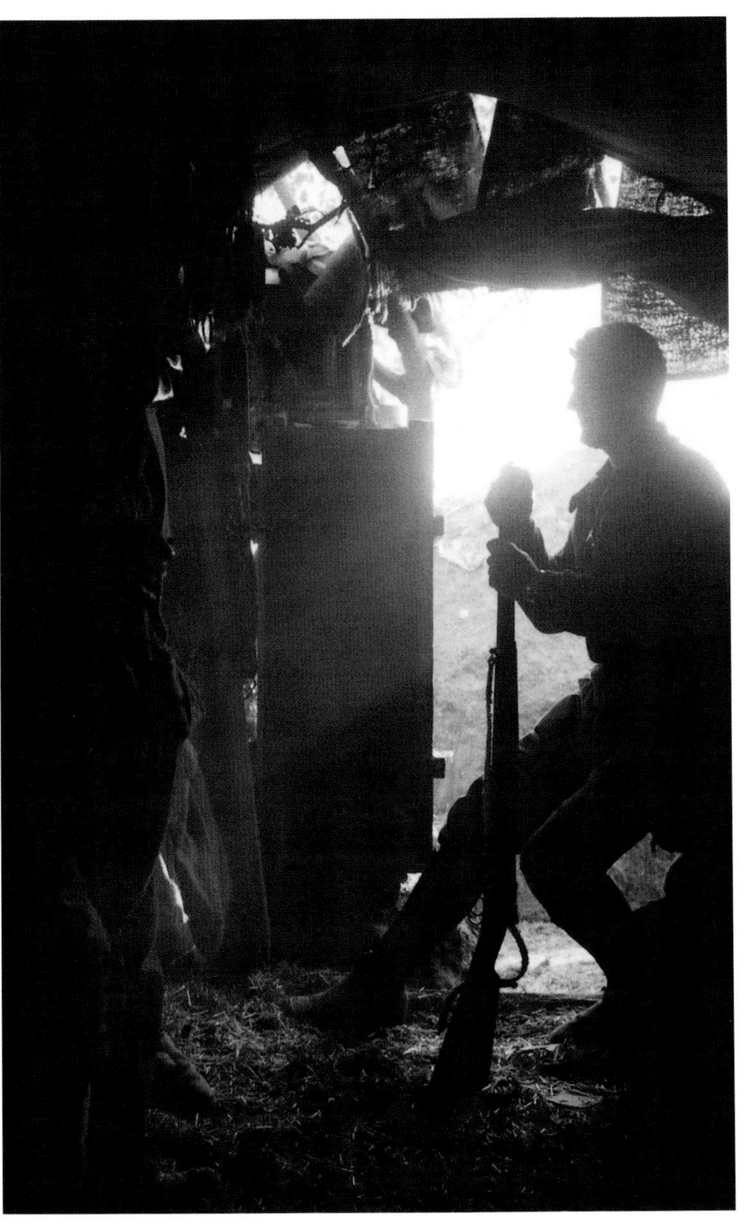

01. Sietamo, 1937

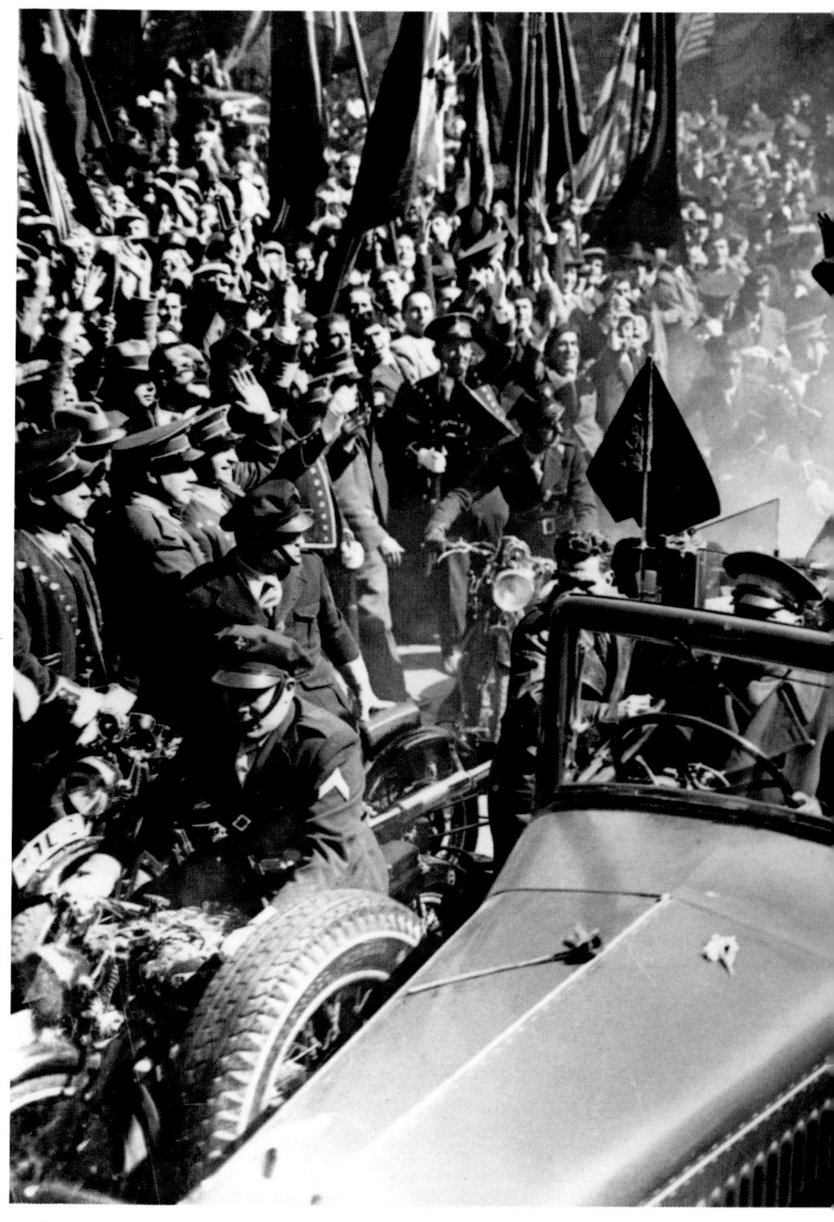

02. Companys llega a la plaza de San Jaime tras su liberación, 2 de marzo de 1936

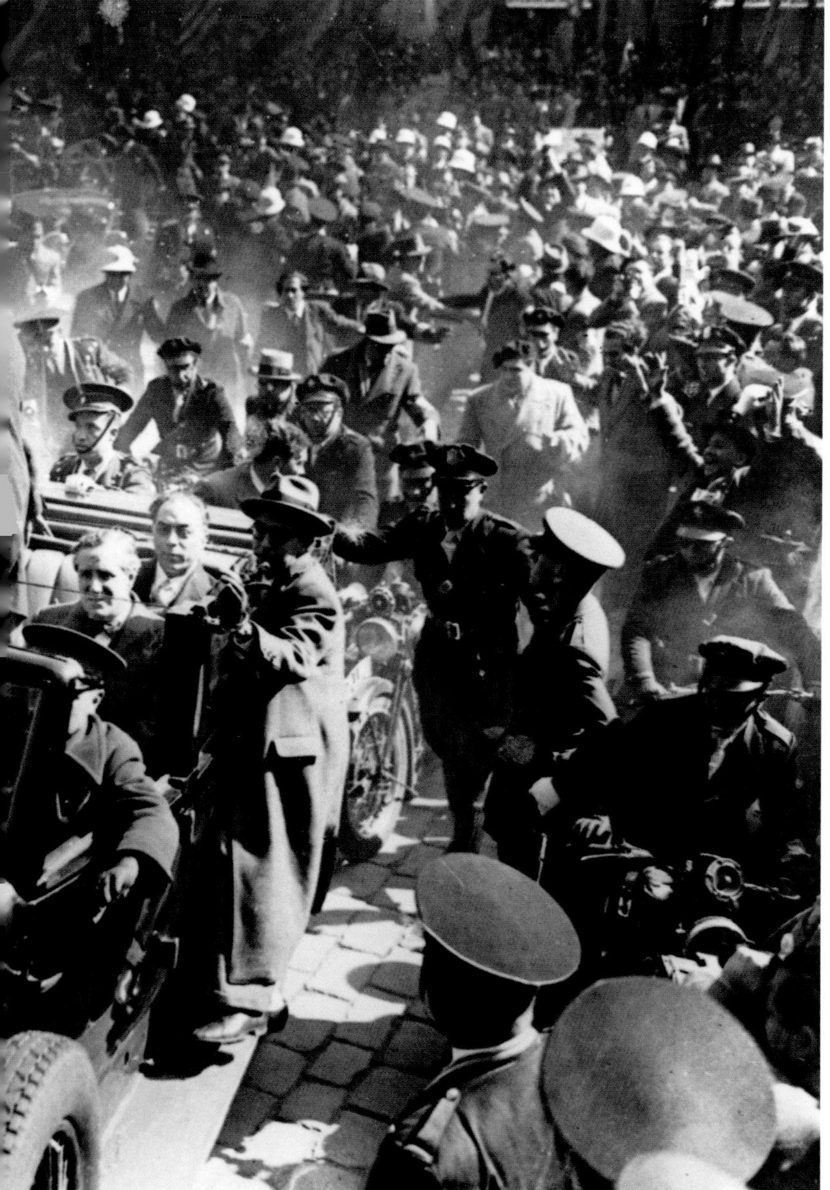

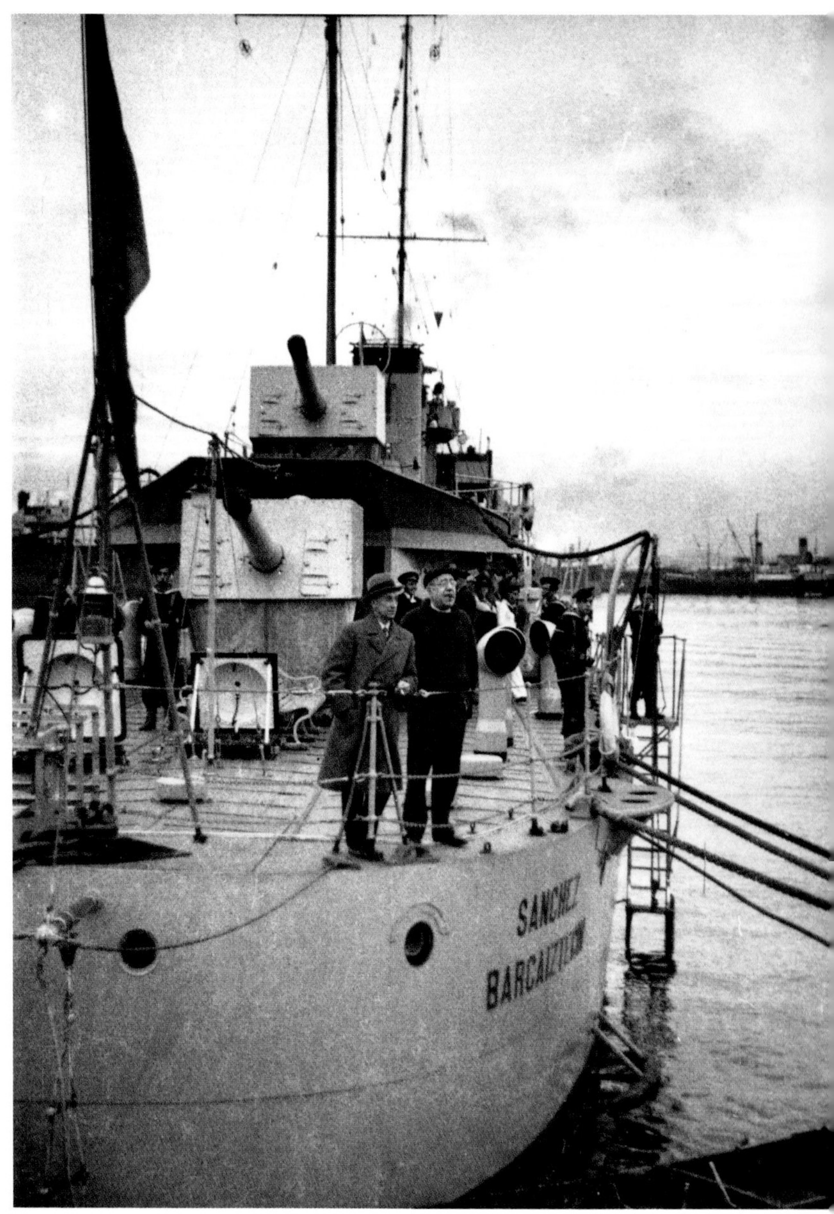

03. Manuel Azaña y Casares Quiroga en el destructor Sánchez Barcaíztegui, octubre de 1936

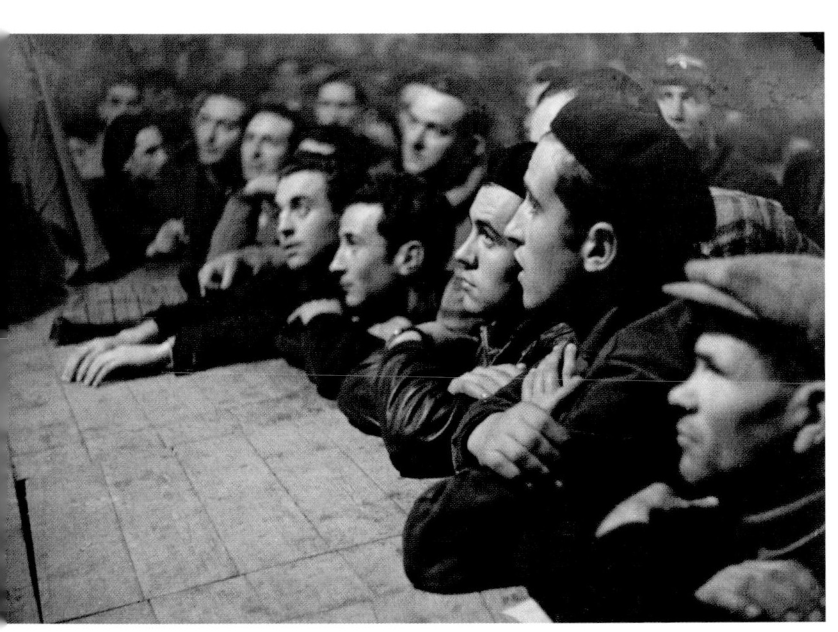

4. Mítin del POUM. Barcelona, 1937

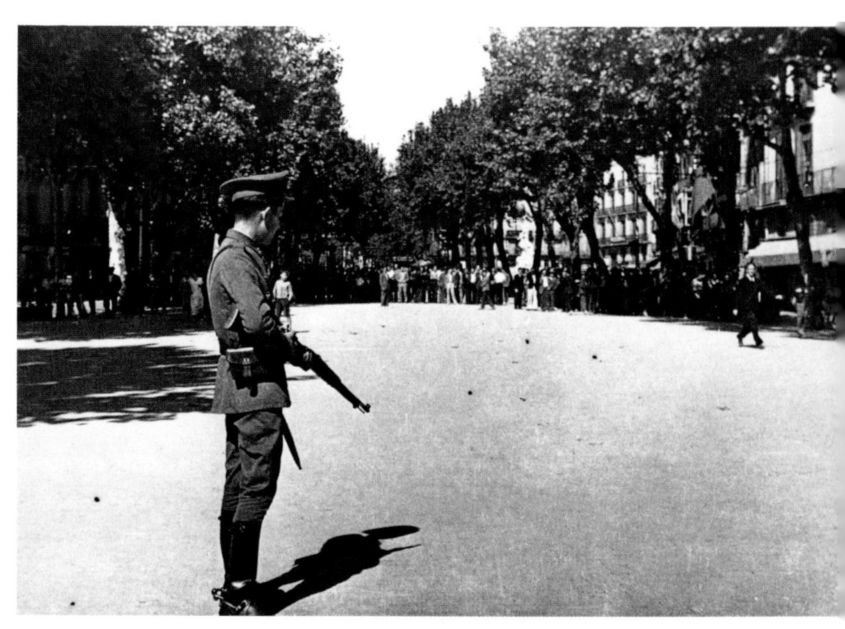

05. Algaradas de octubre. Barcelona, 1934

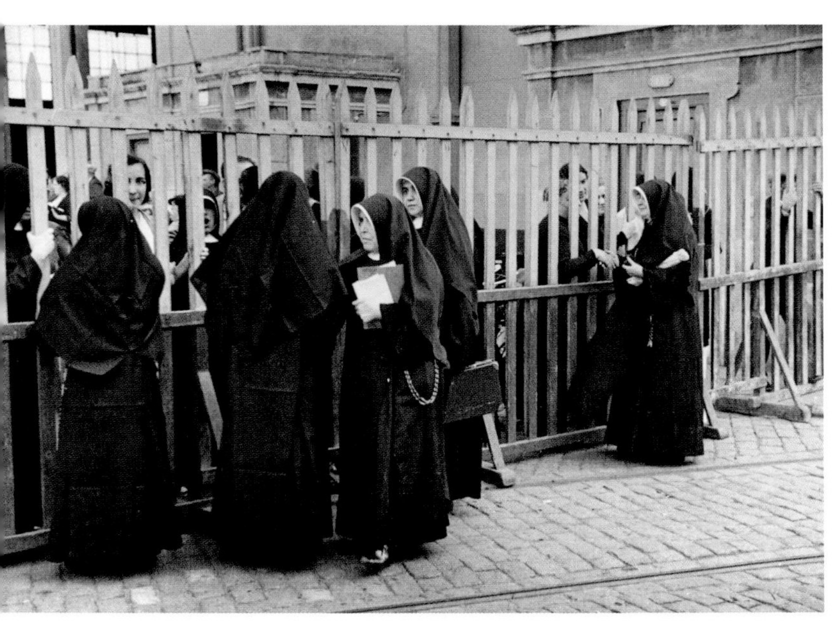

06. Evacuación de religiosas. Barcelona, 1935

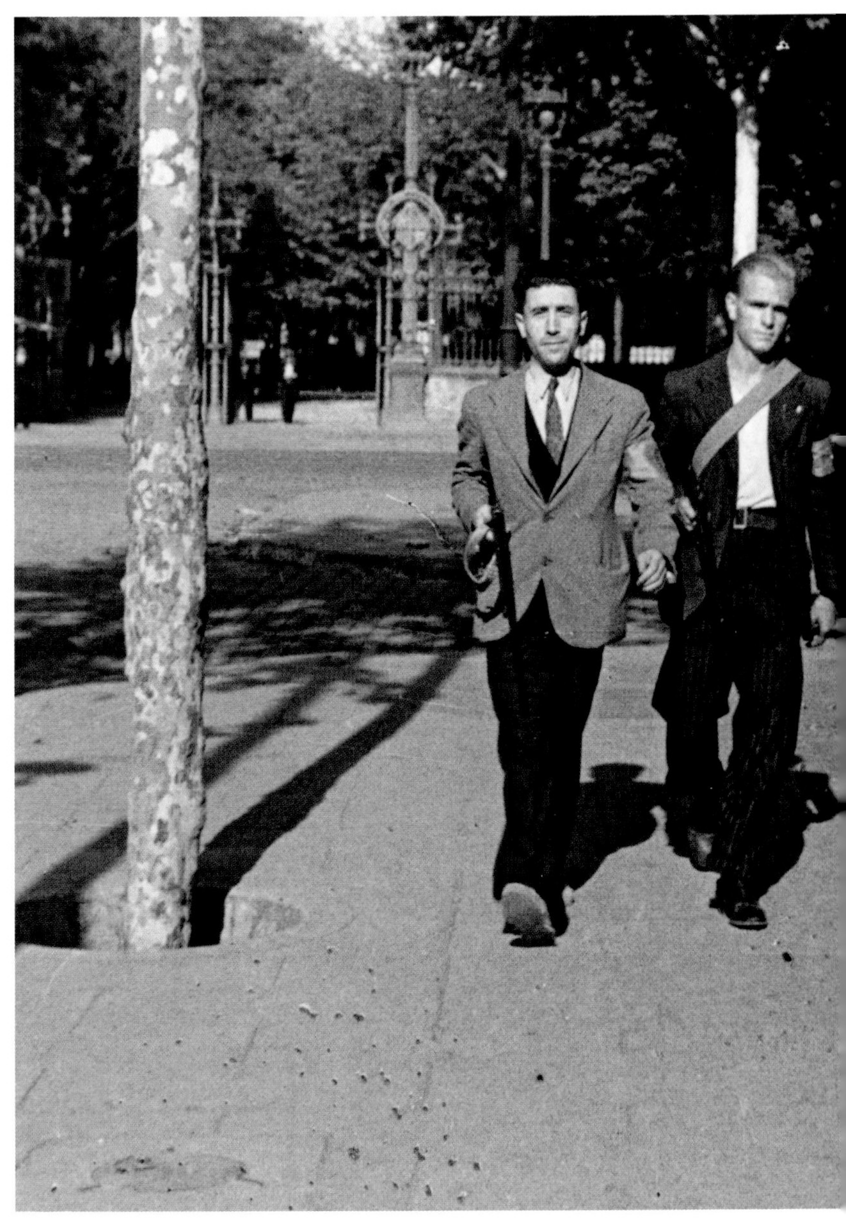

07. Patrullas civiles. Barcelona, octubre de 1934

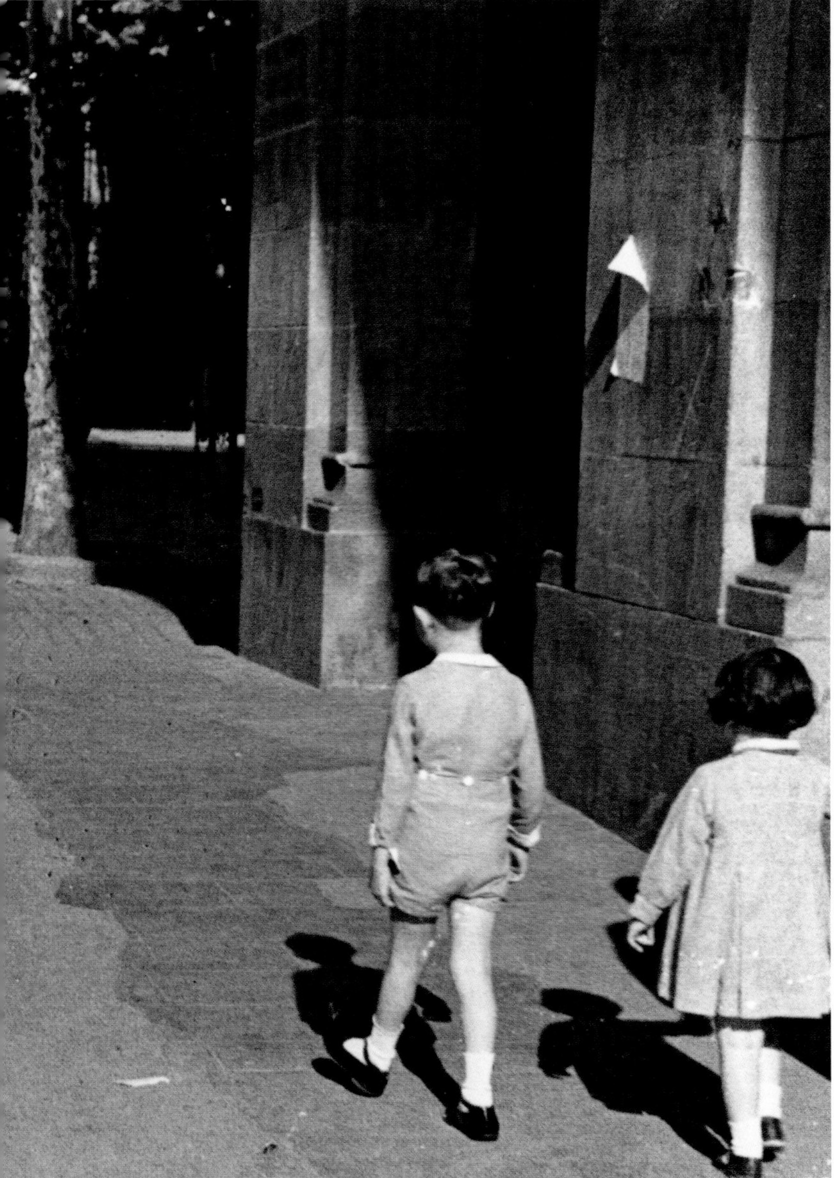

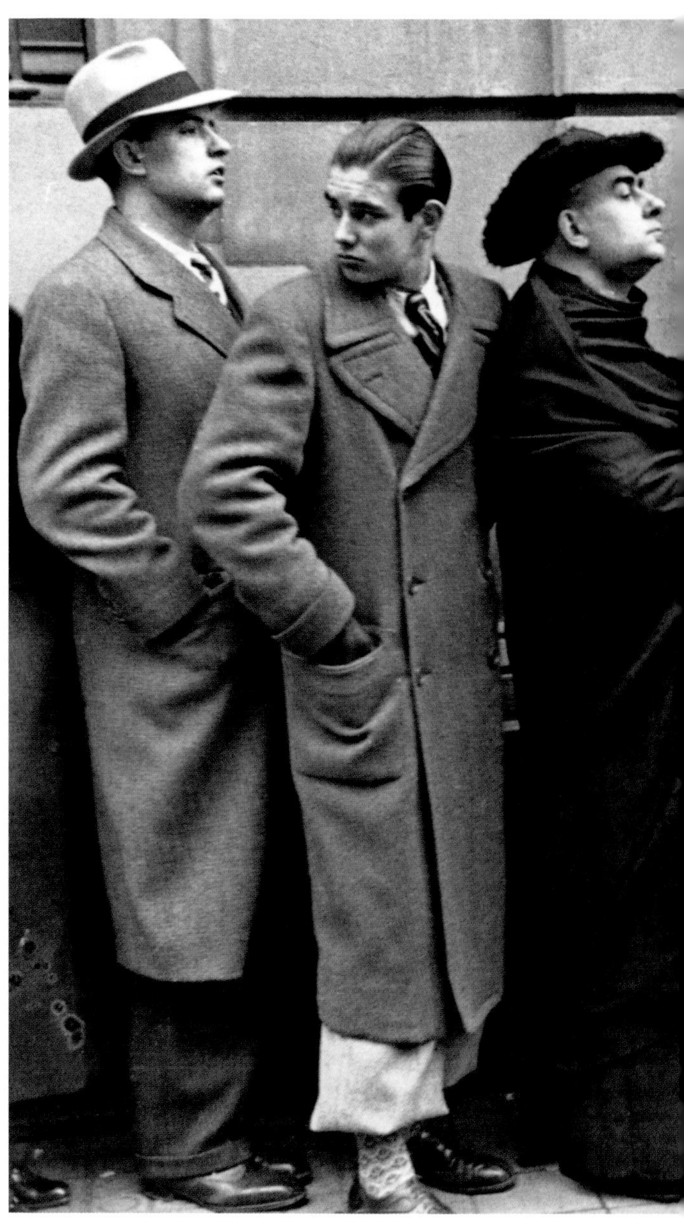

08. Cola electoral. Barcelona, febrero de 1936

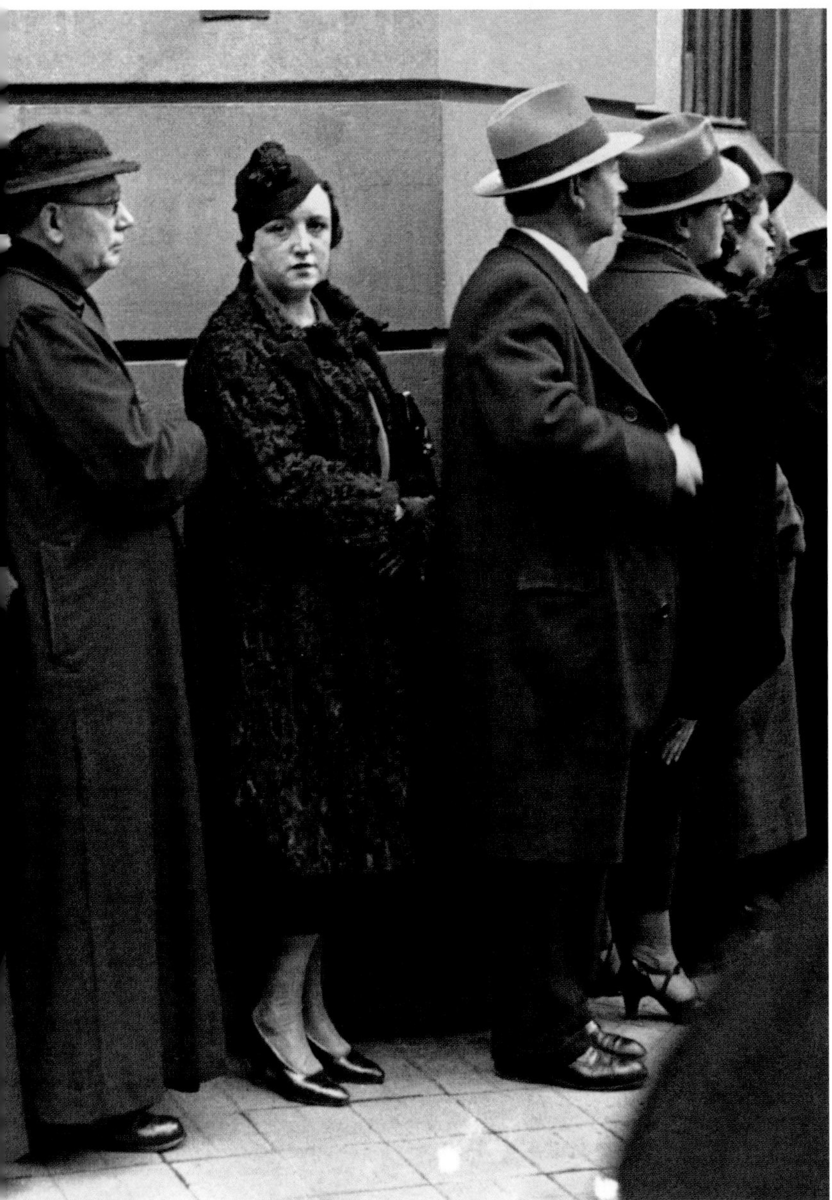

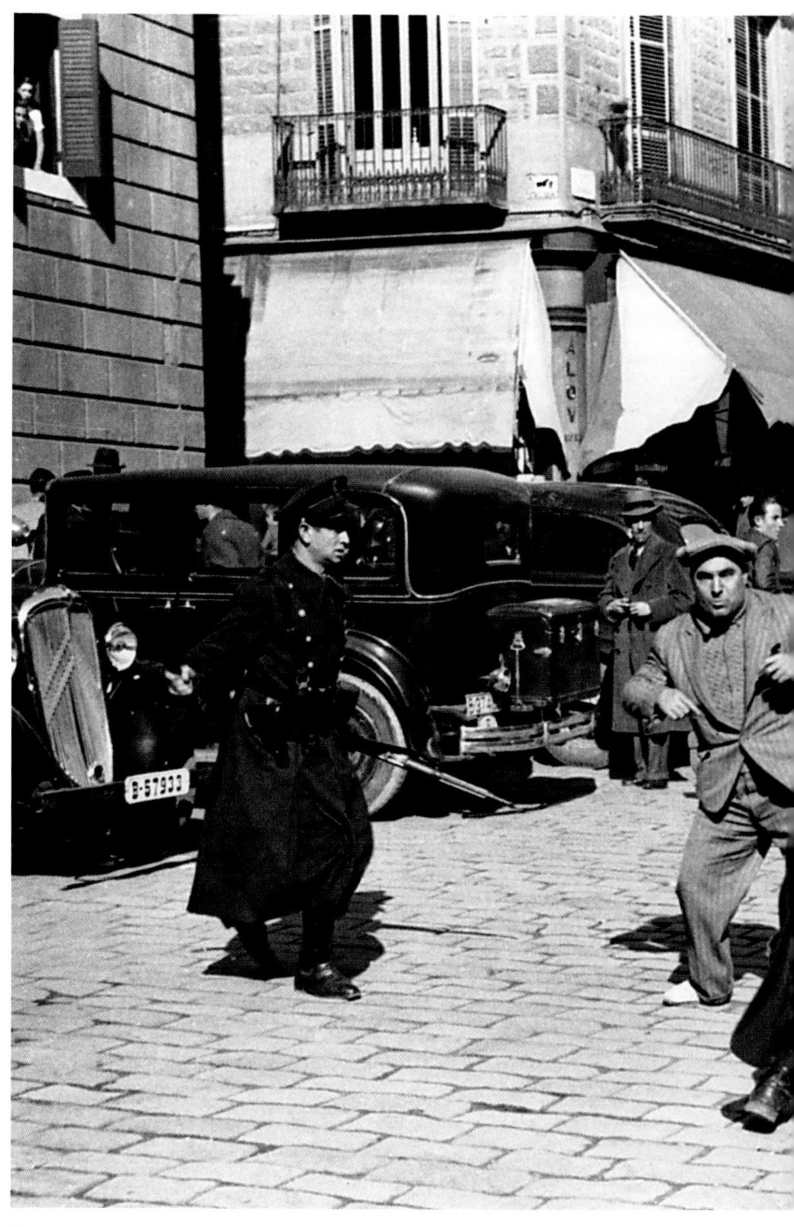

09. Algaradas en la plaza de San Jaime tras la victoria del Frente Popular. Barcelona, febrero de 1936

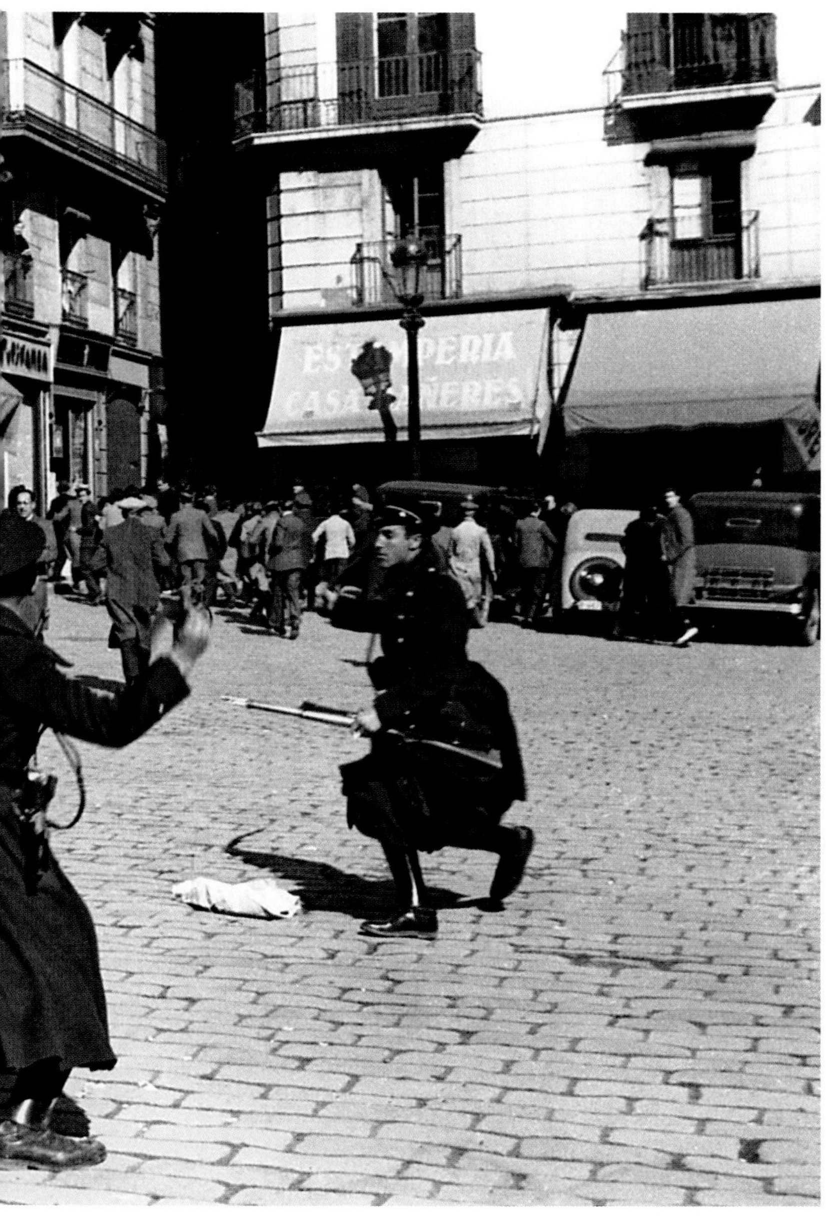
ESTAMPERIA
CASA BAÑERES

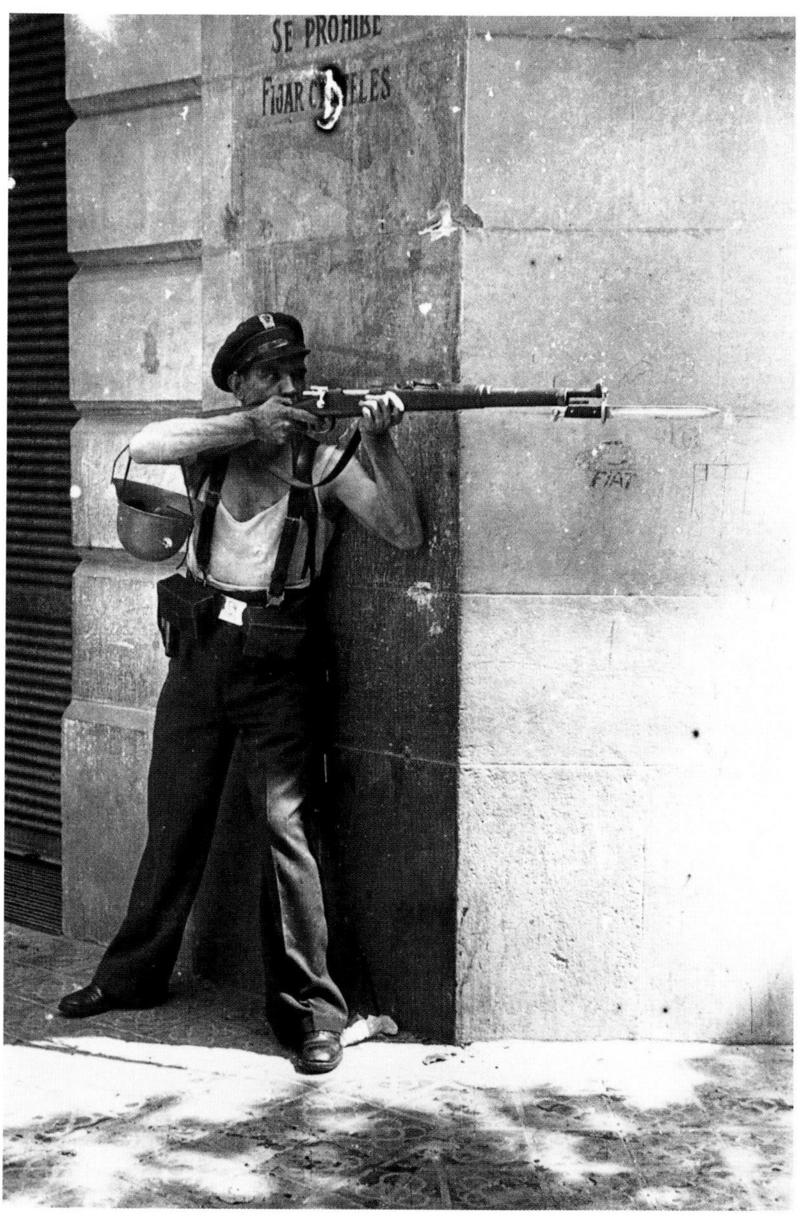

10. Miliciano. Barcelona, 19 de julio de 1936

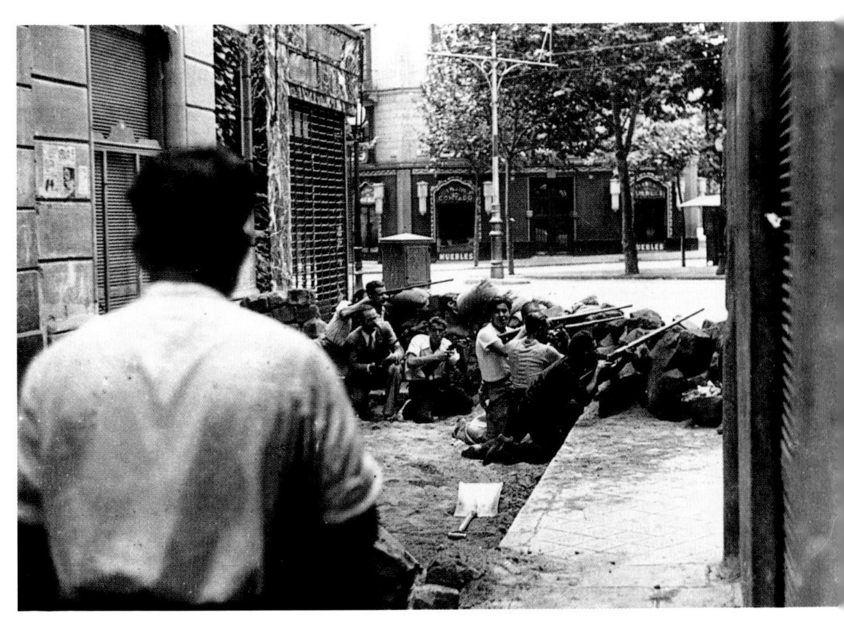

11. Barricada en la calle del Tigre. Barcelona, 19 de julio de 1936

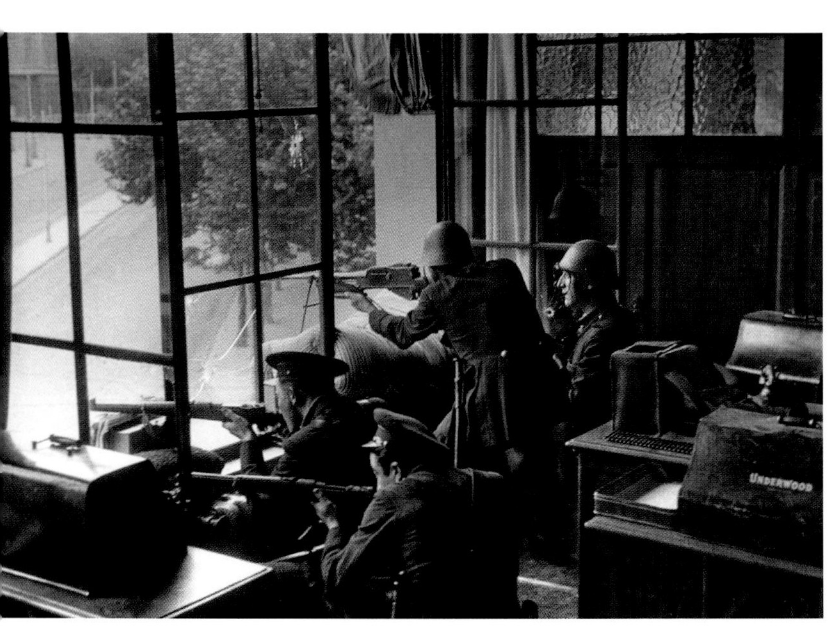

2. Soldados disparando desde la Telefónica, 20 de julio de 1936

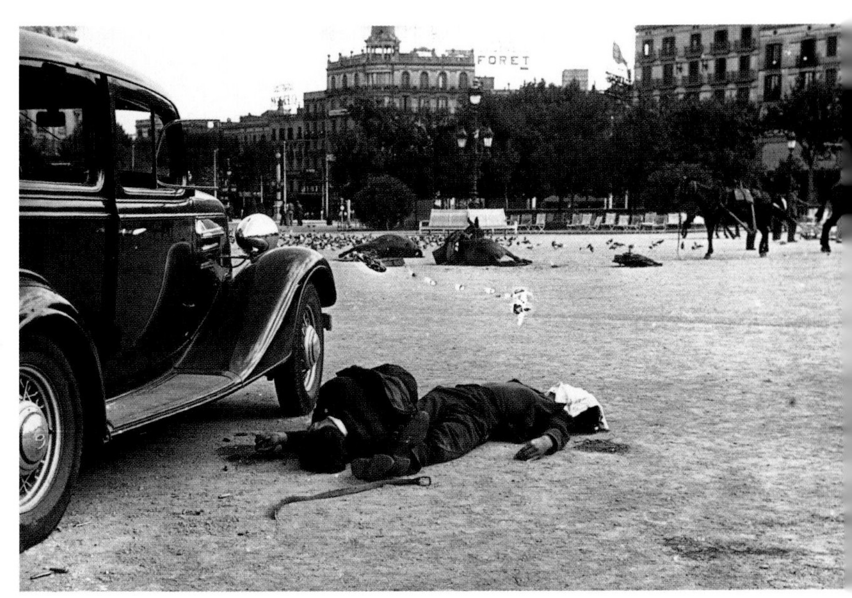

13. Plaza de Cataluña, 19 de julio de 1936

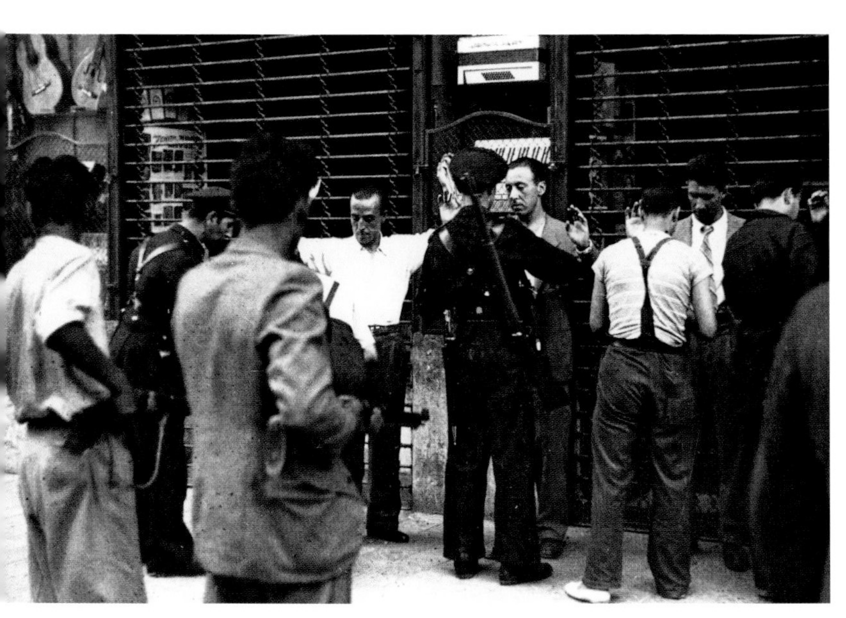

14. Sospechosos de pertenecer a Falange Española. Barcelona, 22 de julio de 1936

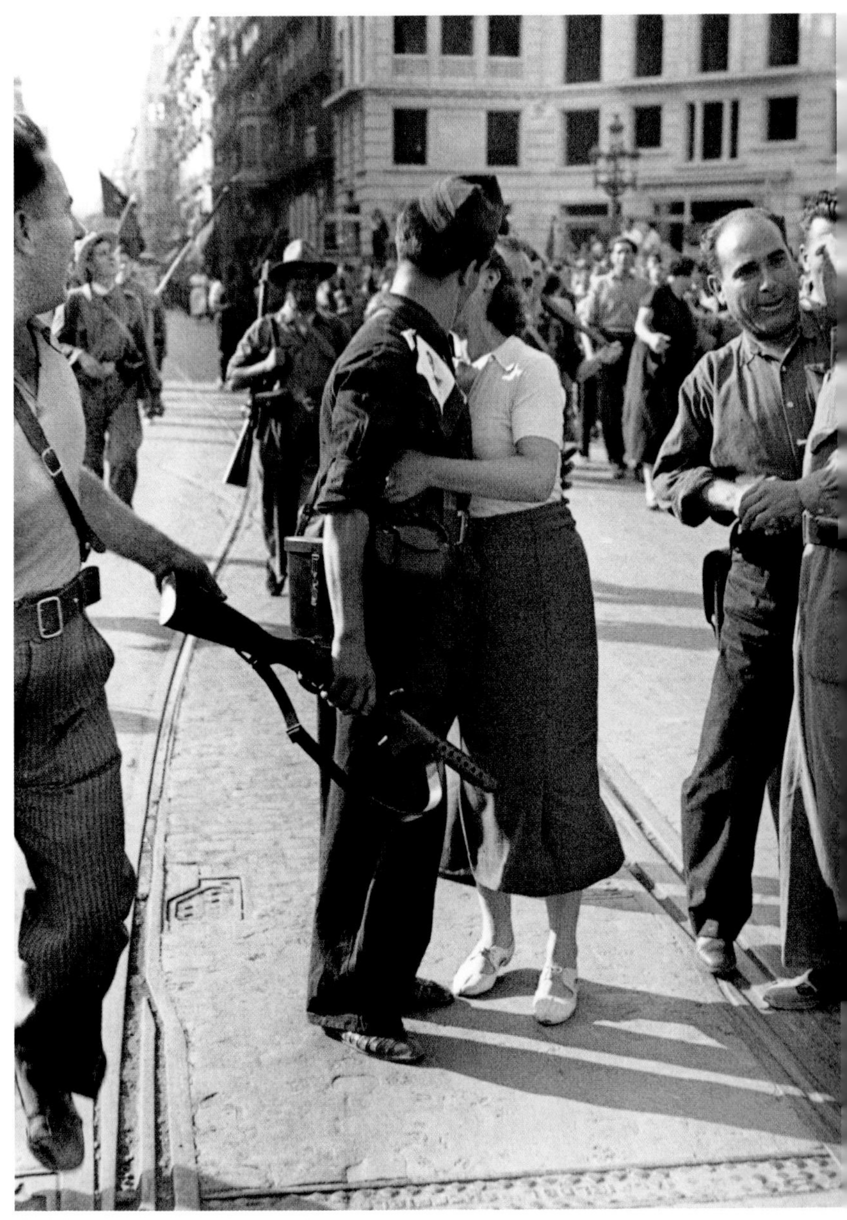

15. Salida de milicias hacia el frente. Barcelona, julio de 1936

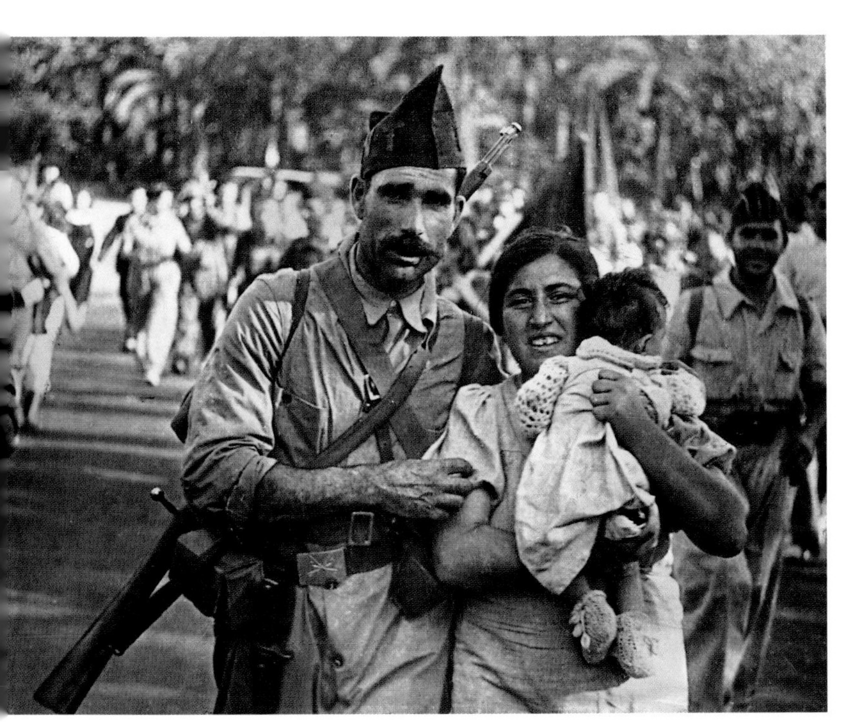

6. Salida de milicias hacia el frente. Barcelona, julio de 1936

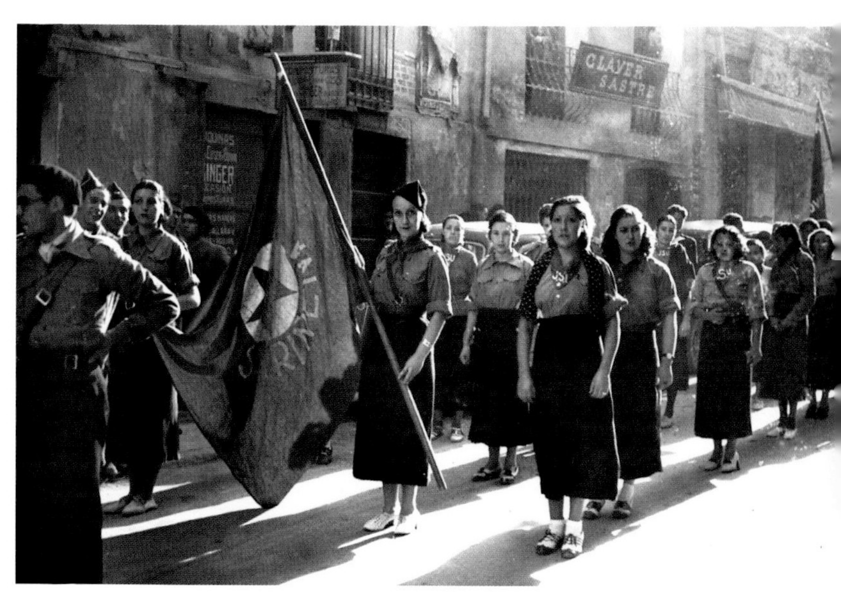

17. Desfile de voluntarias. Barcelona, 1936

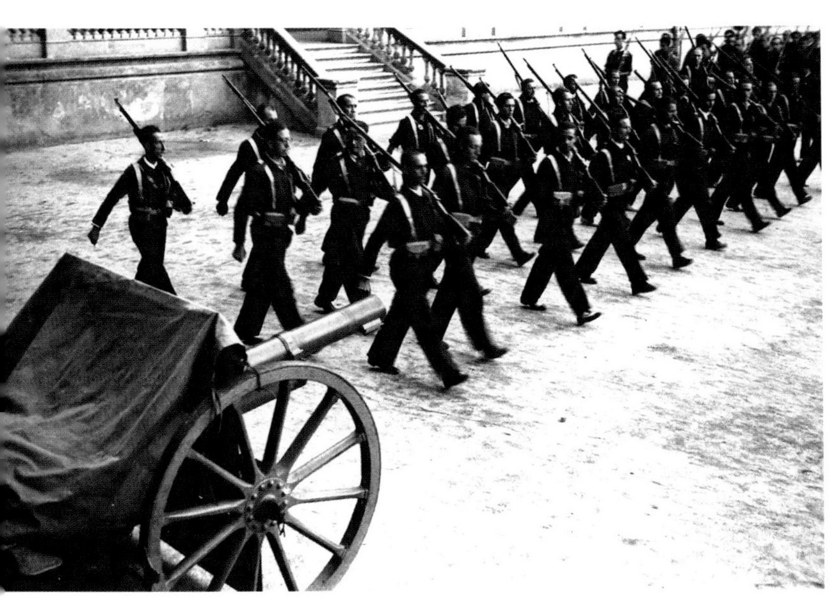

8. Escuela Militar Superior, noviembre de 1936

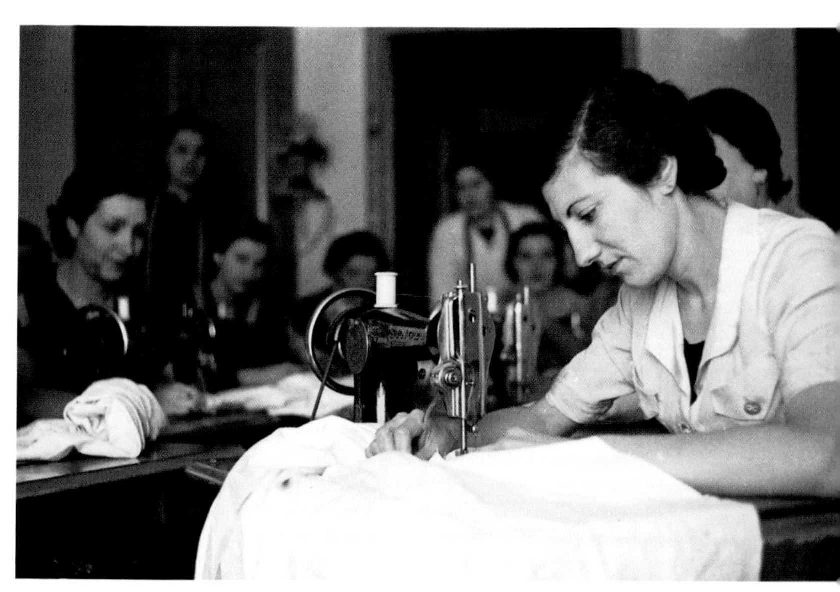

19. Cosiendo para los soldados. Barbastro, 1937

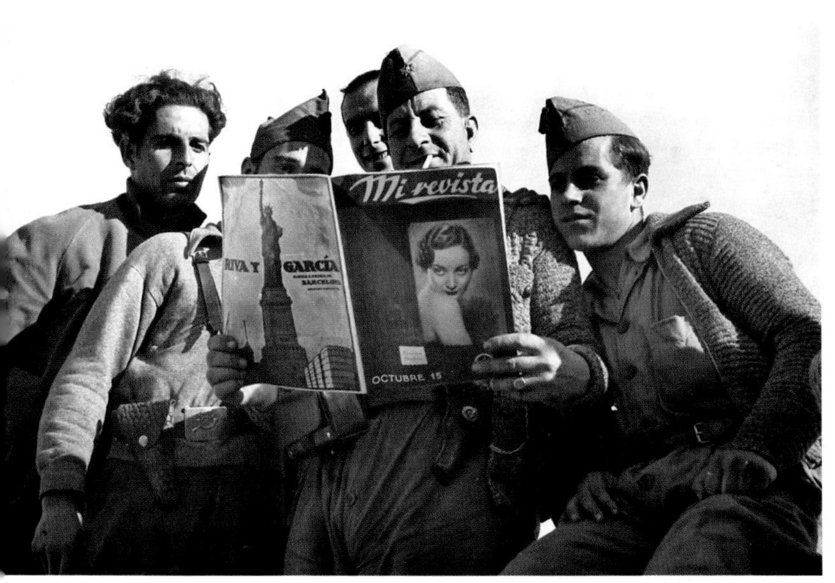

Frente de Alcañiz, 1937

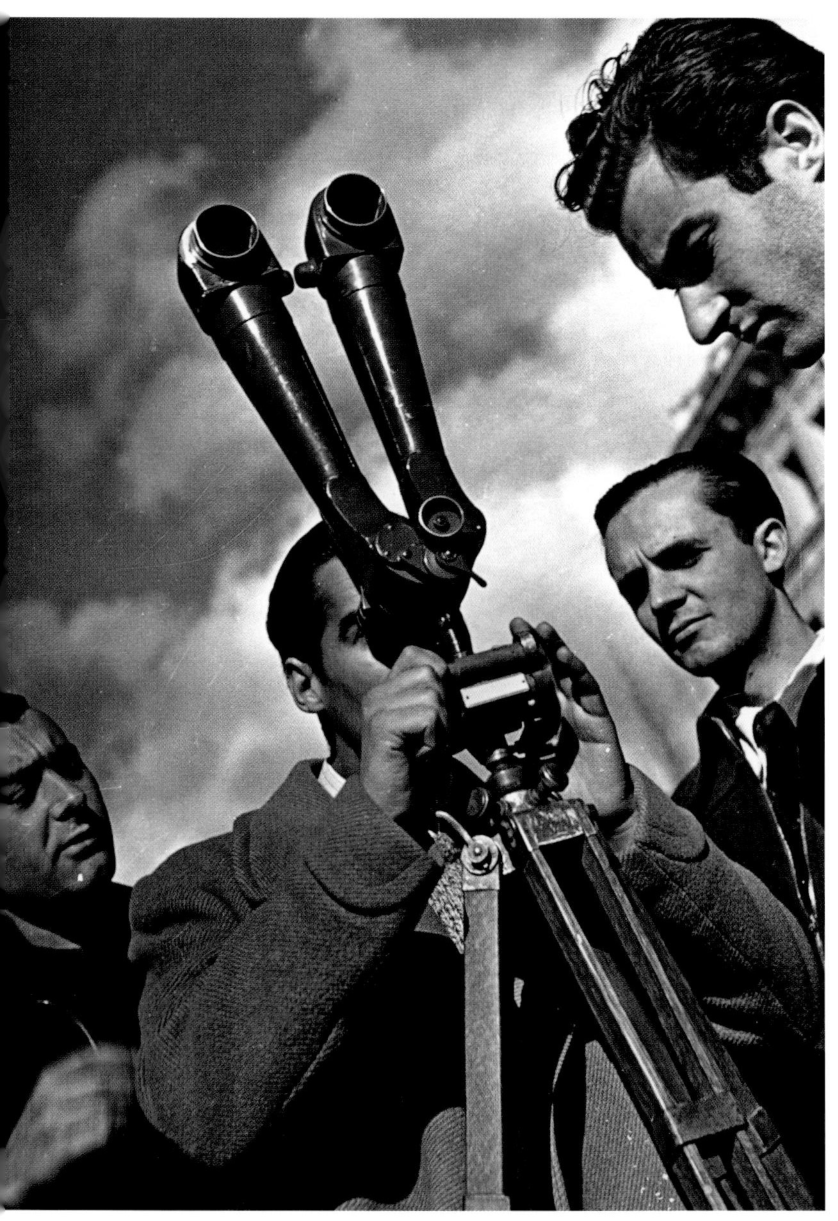

1. Escuela popular de instructores de guerra, 1937

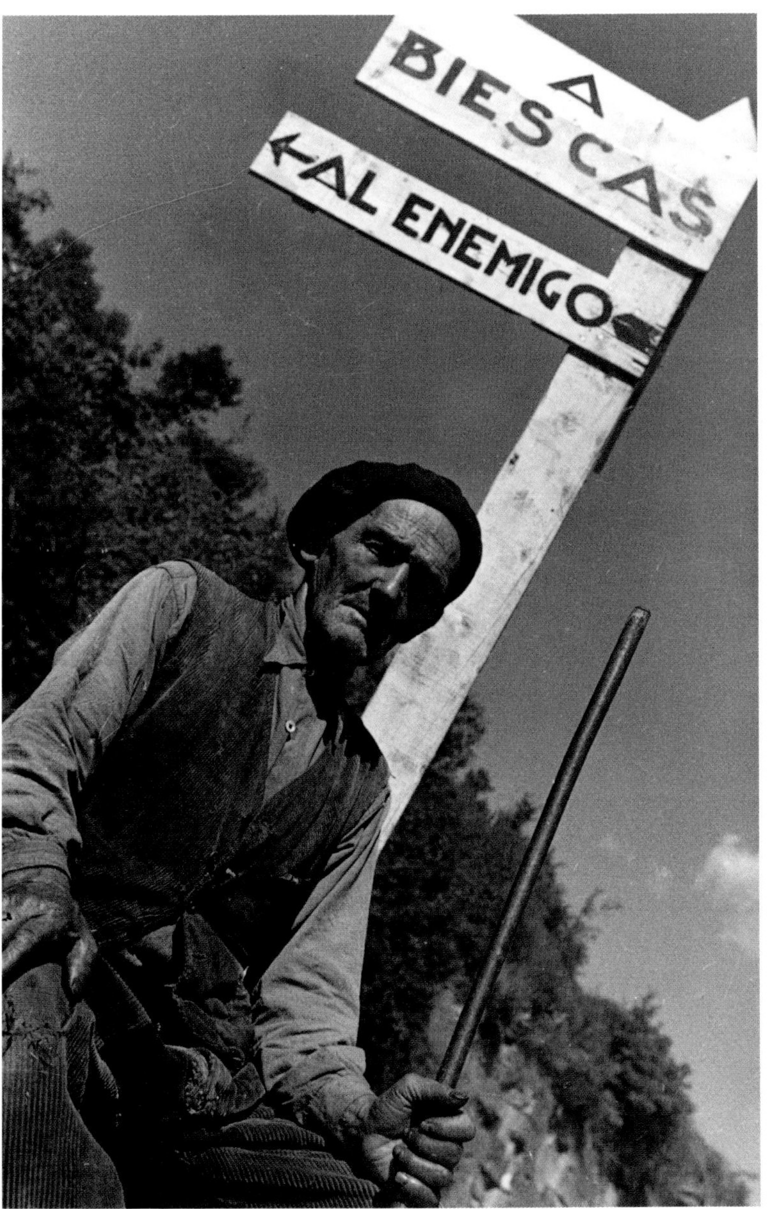

22. Biescas, 1937

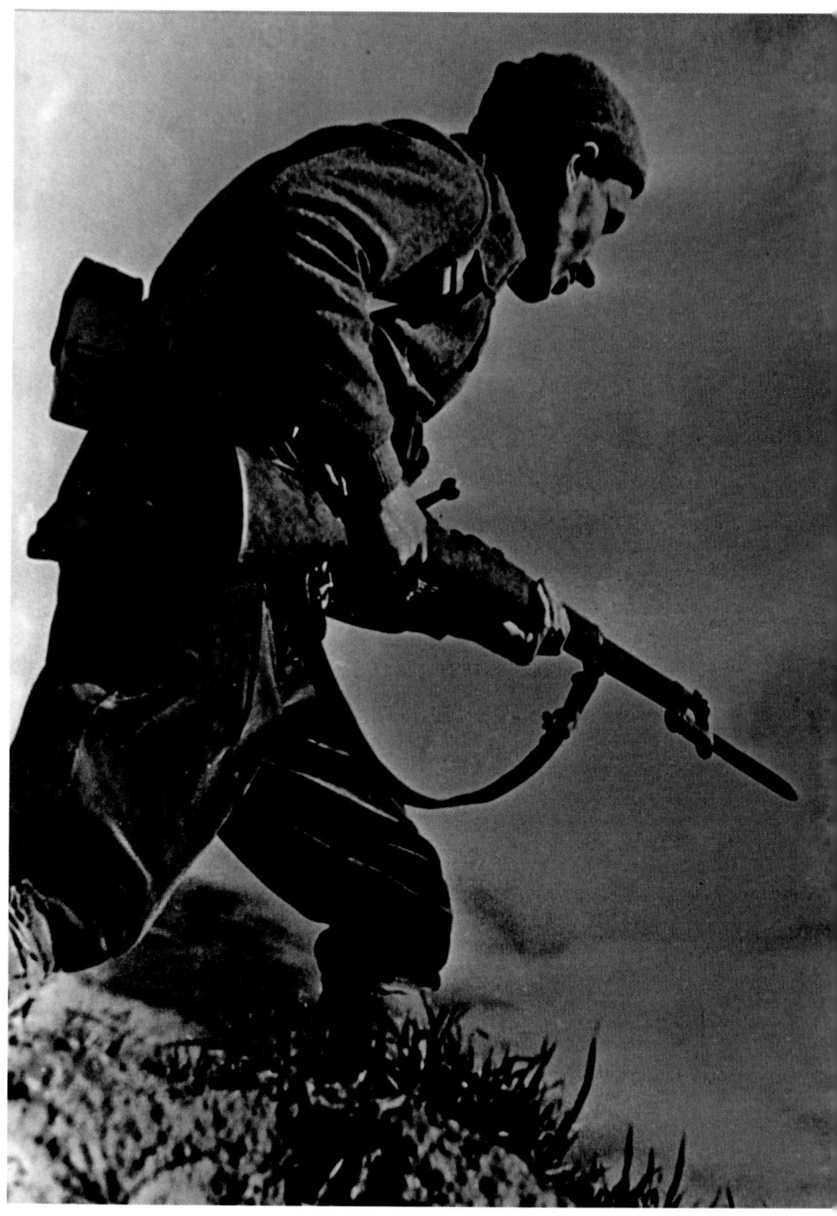

23. Frente de Aragón, 1937

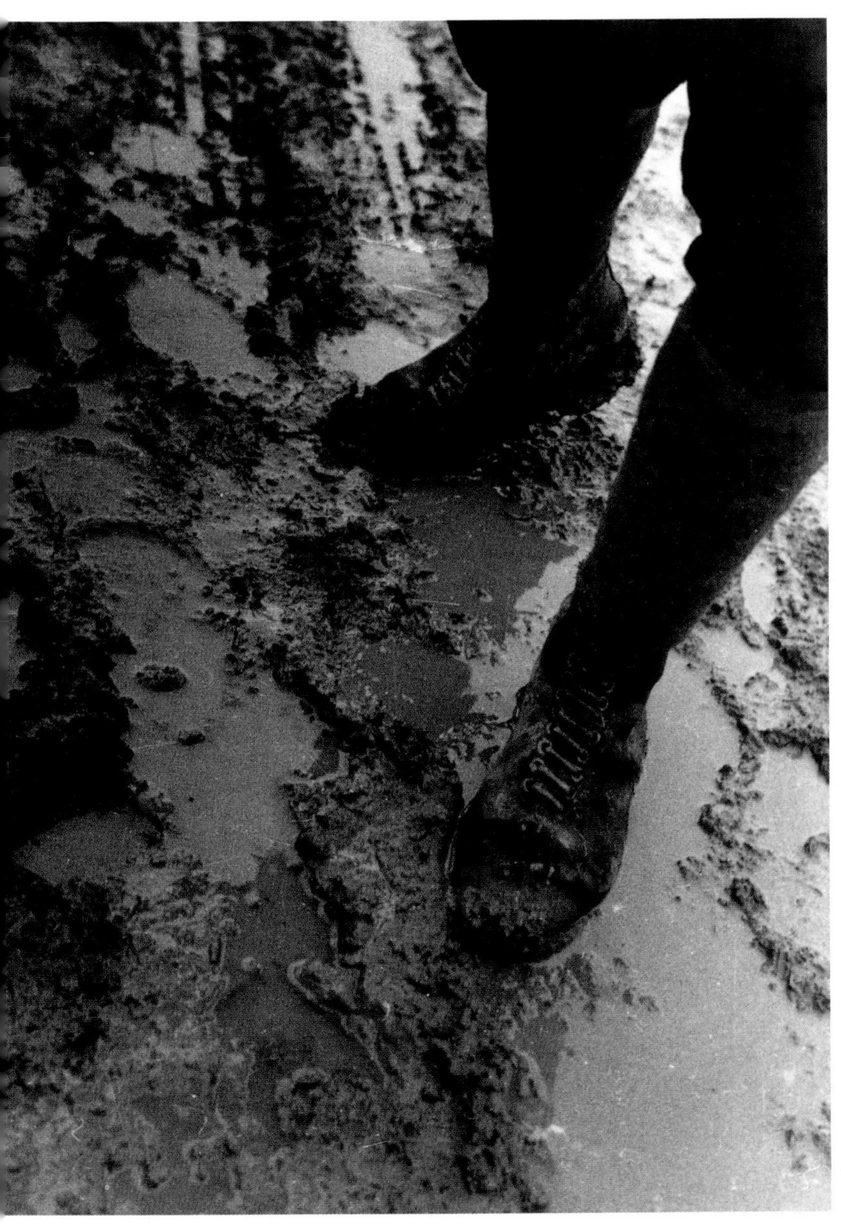

24. Frente de Aragón, 1937

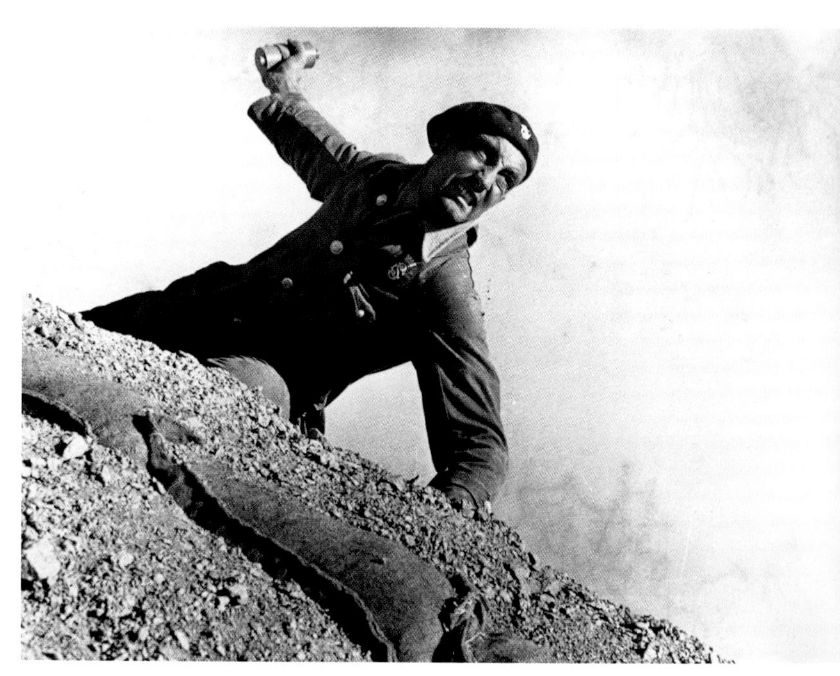

25. Lanzador de granadas. Frente de Aragón, 1937

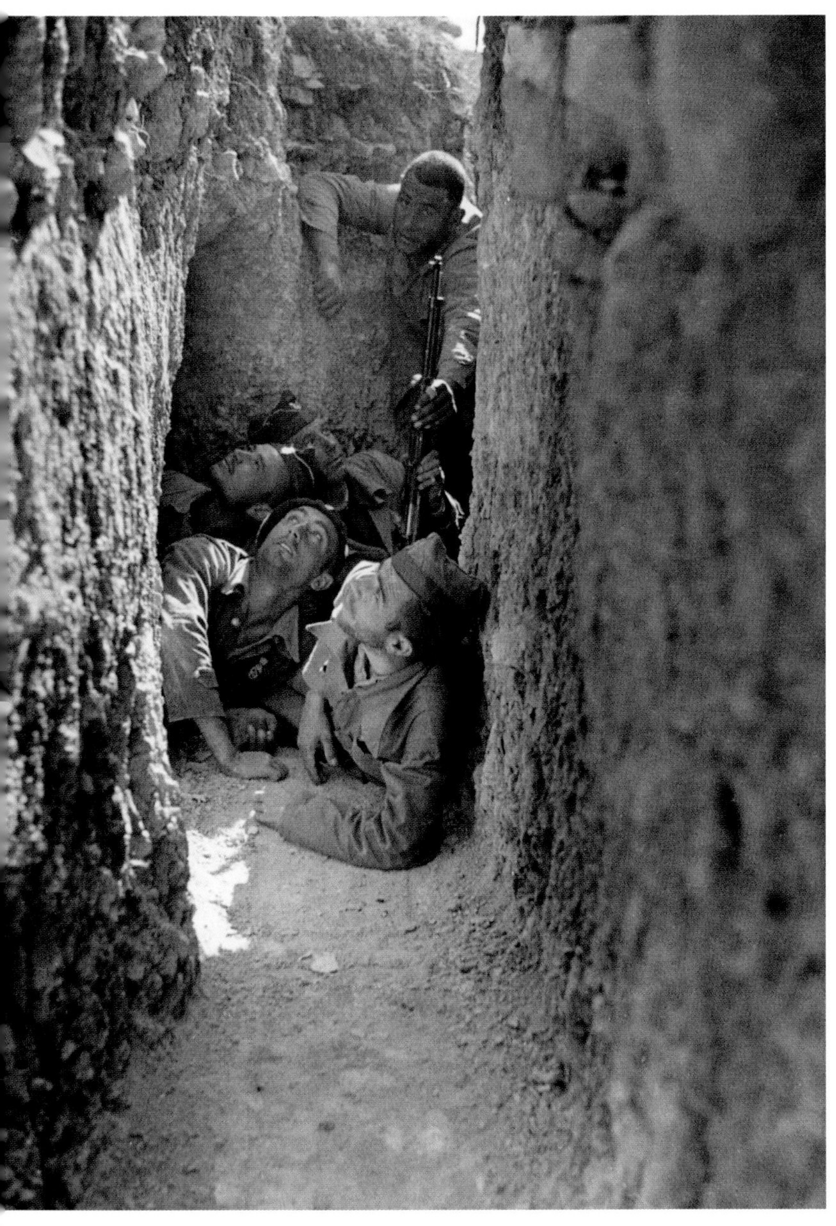

26. Trinchera en Belchite. Frente de Aragón, 1937

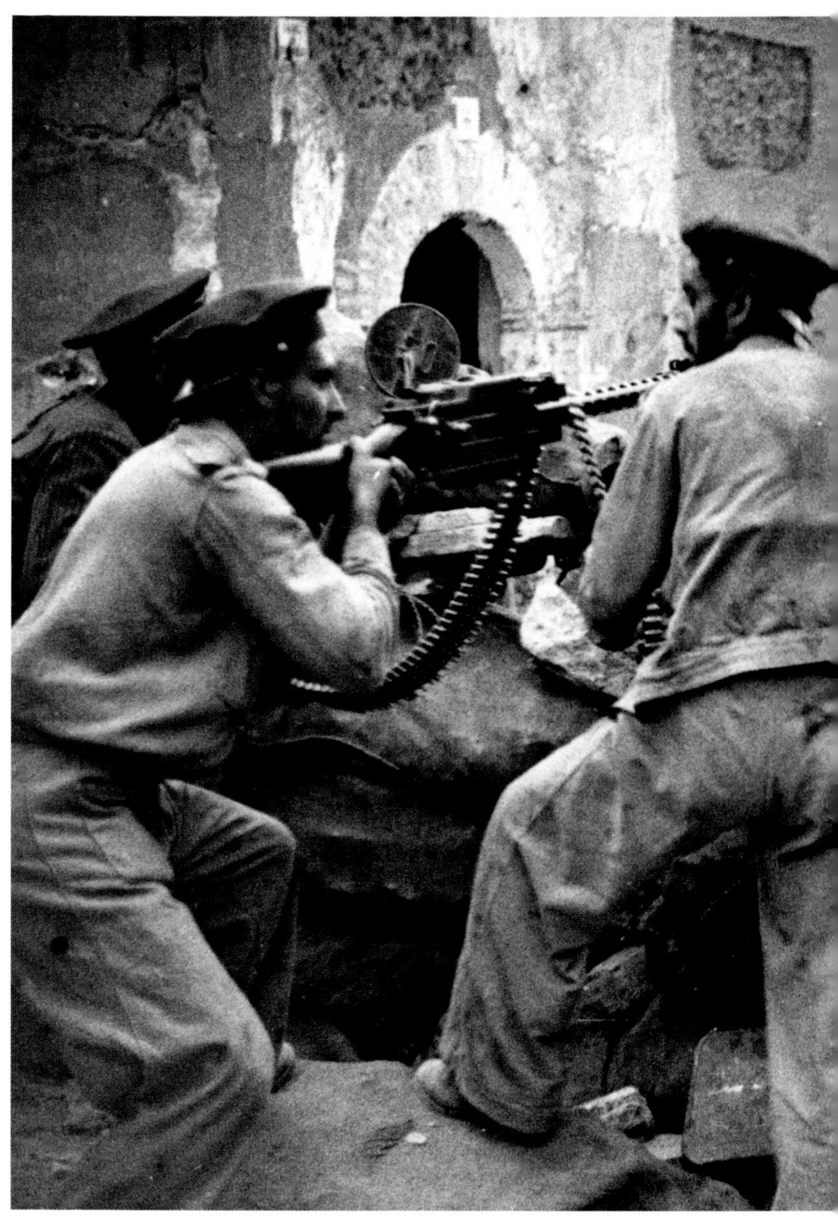

27. Belchite. Frente de Aragón, septiembre de 1937

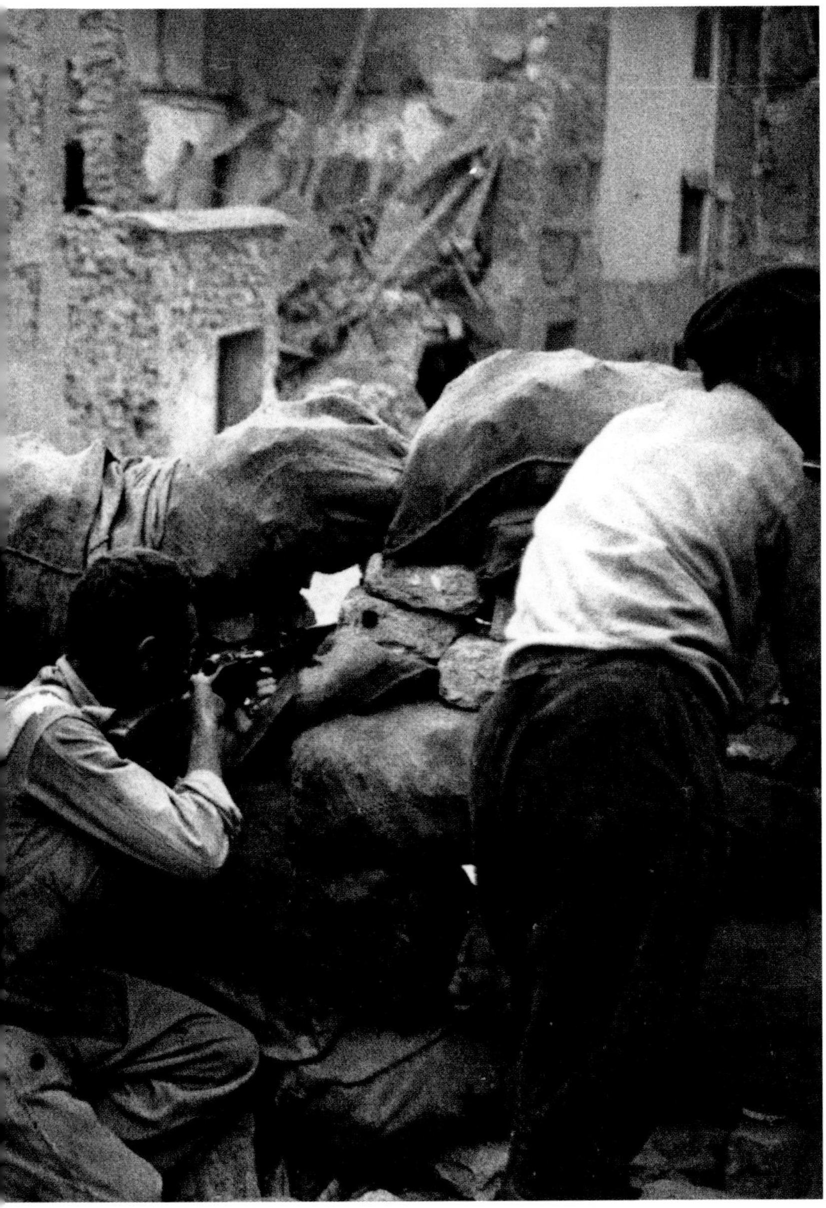

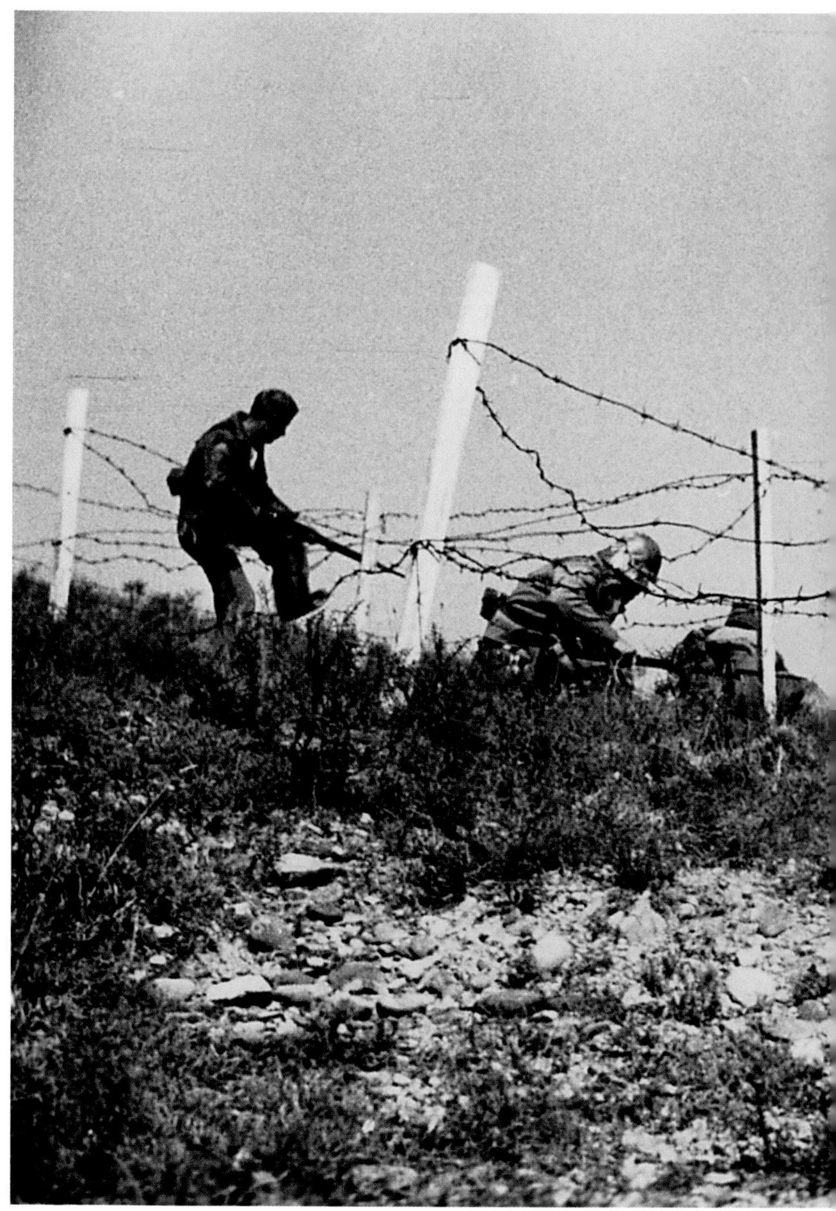

28. Pirineo aragonés, 1937

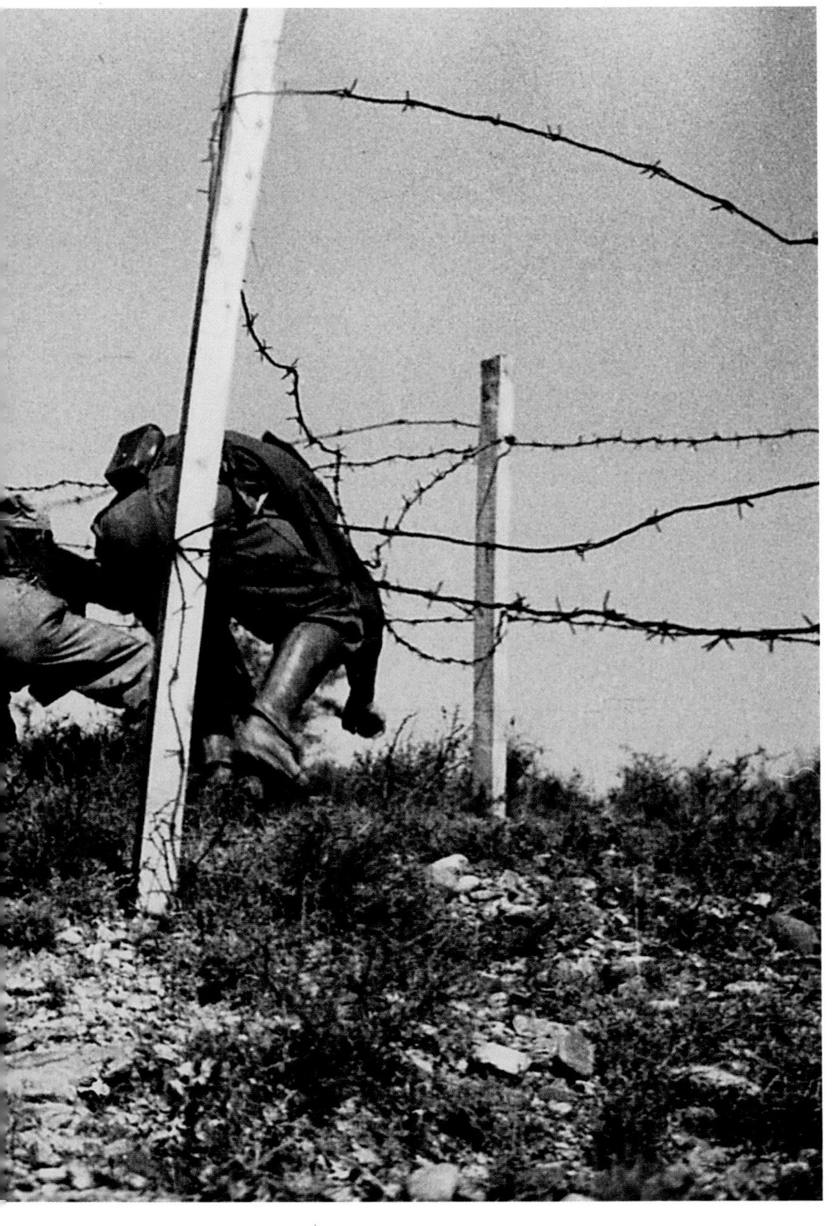

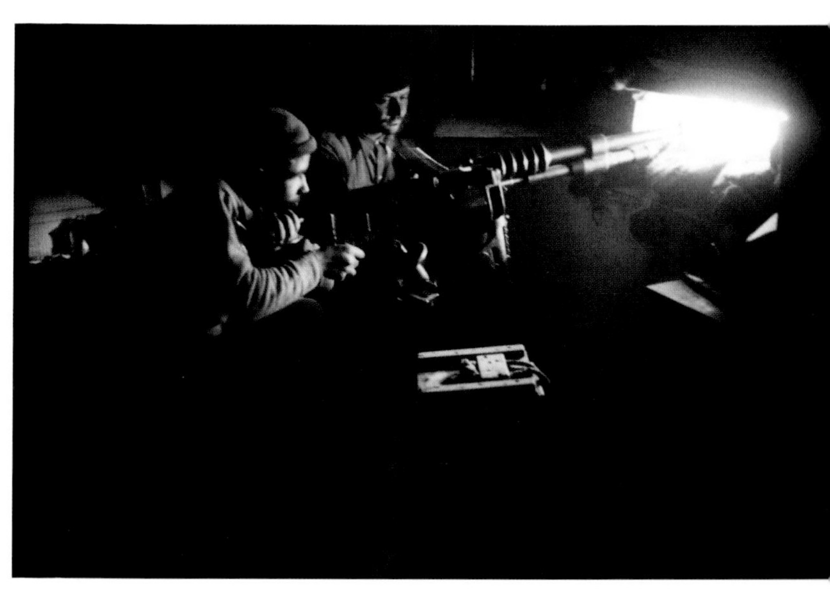

29. Frente de Aragón, 1937

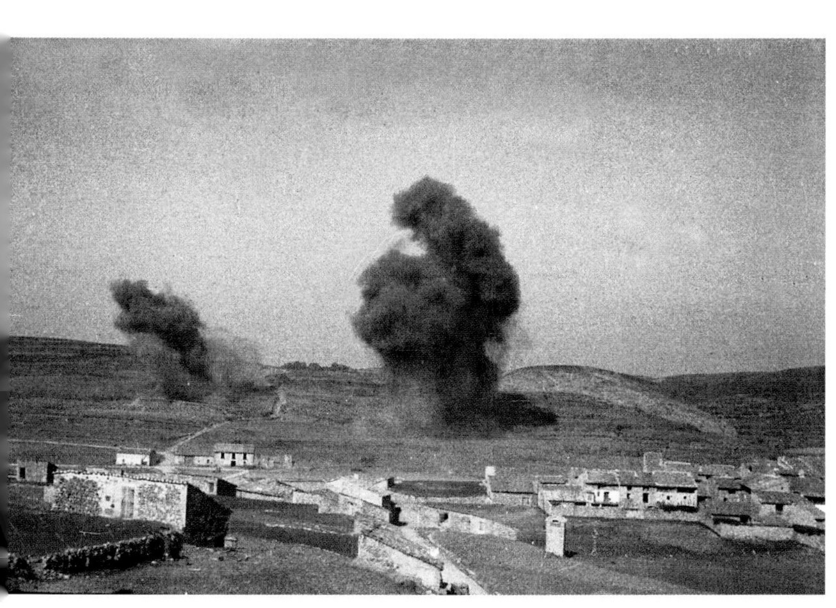

0. Fuentes de Ebro, 1937

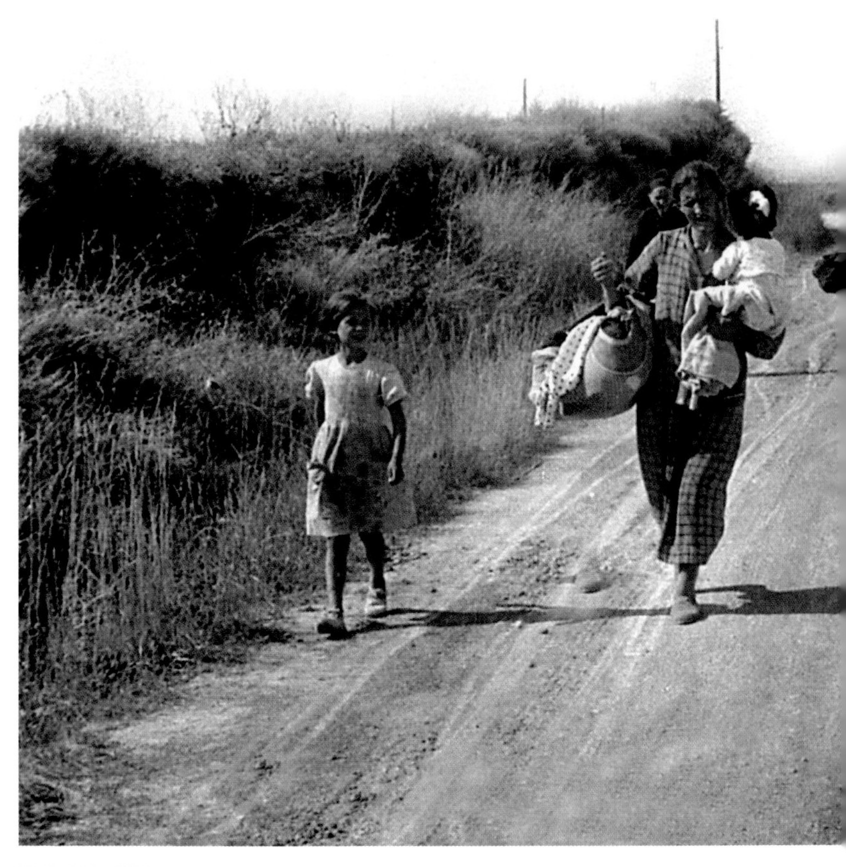

31. Tardienta, 1937

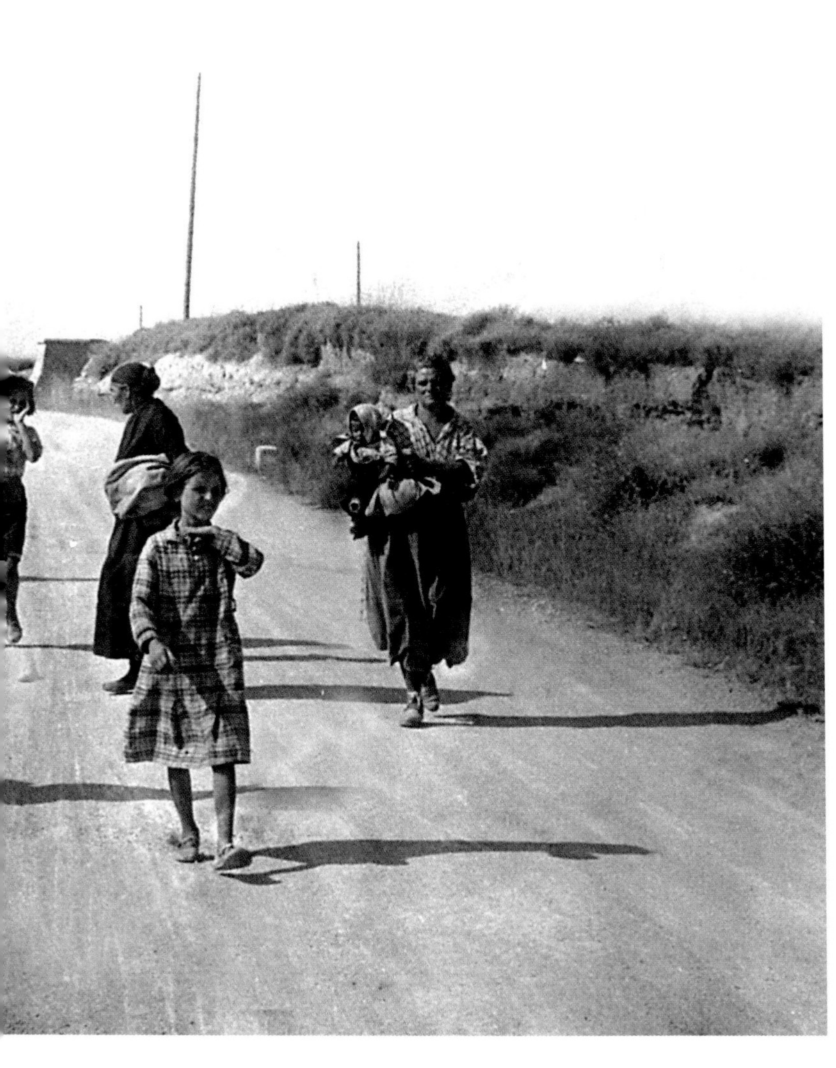

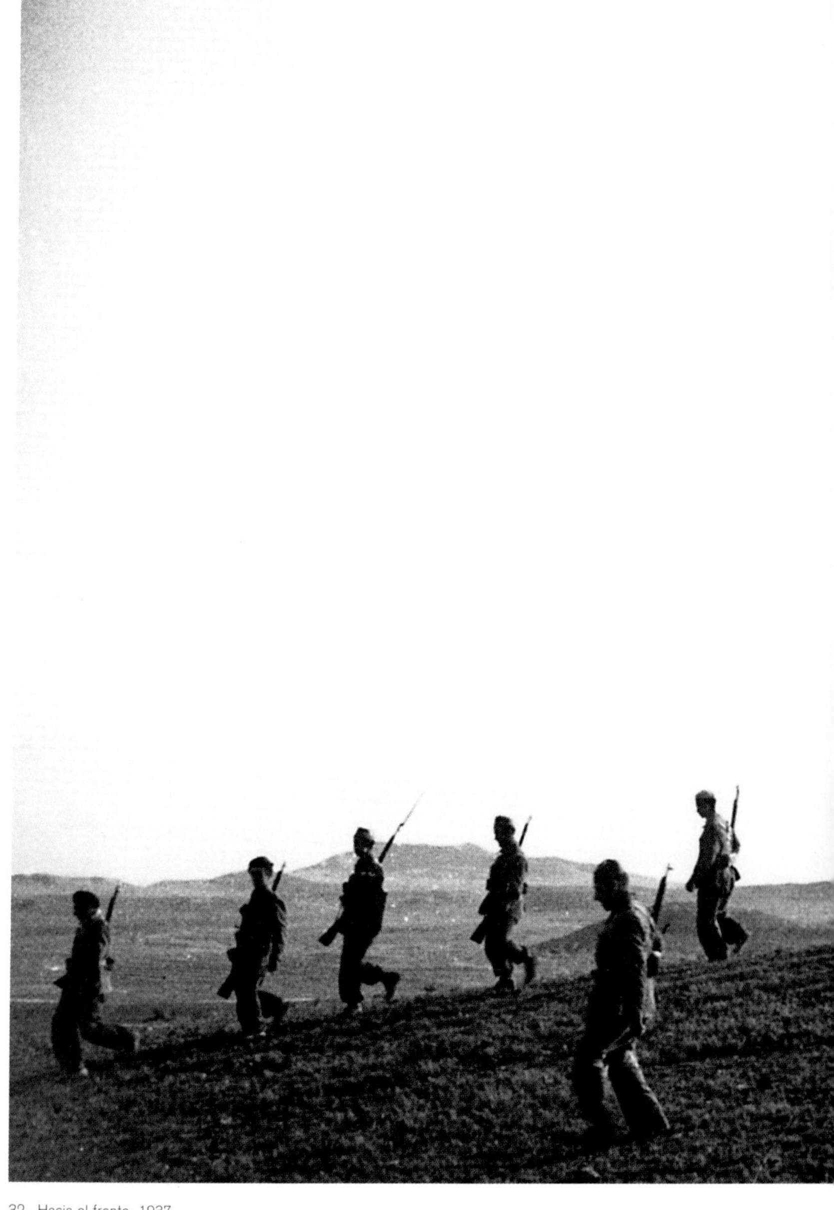

32. Hacia el frente, 1937

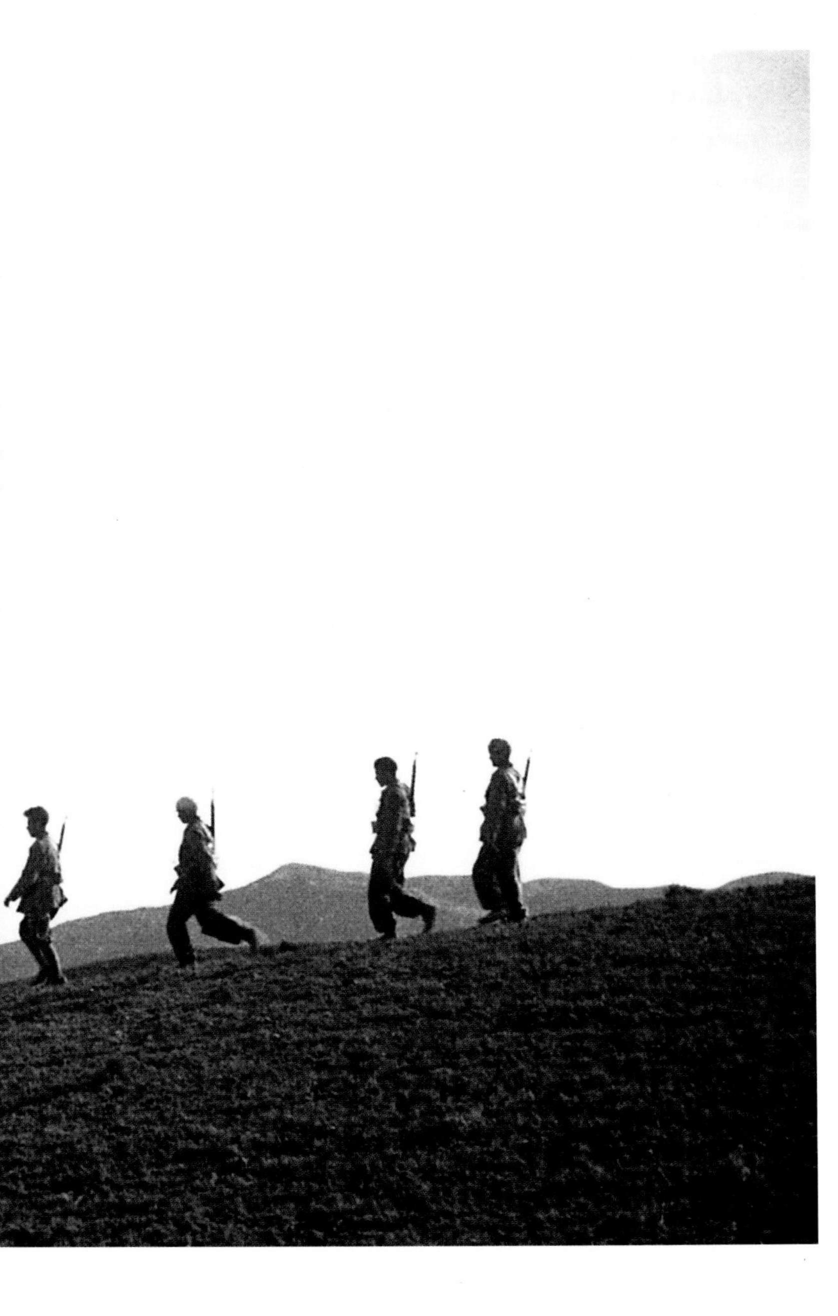

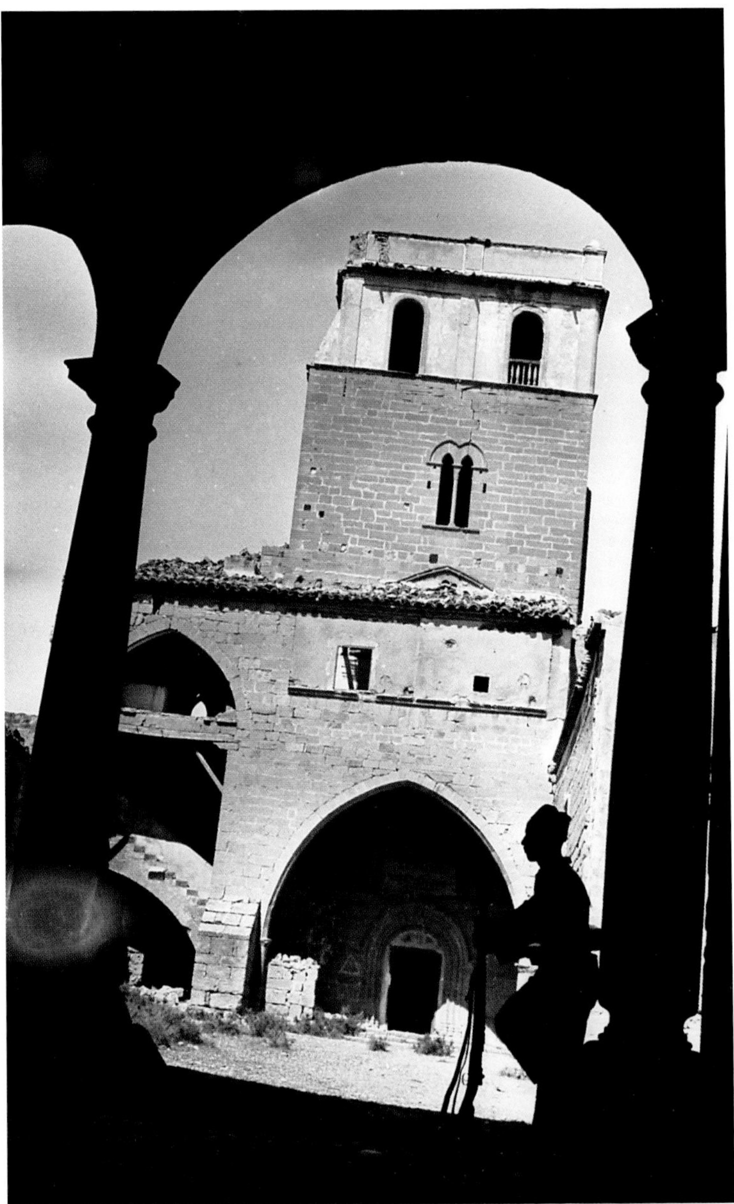

33. Alcañiz, 1937

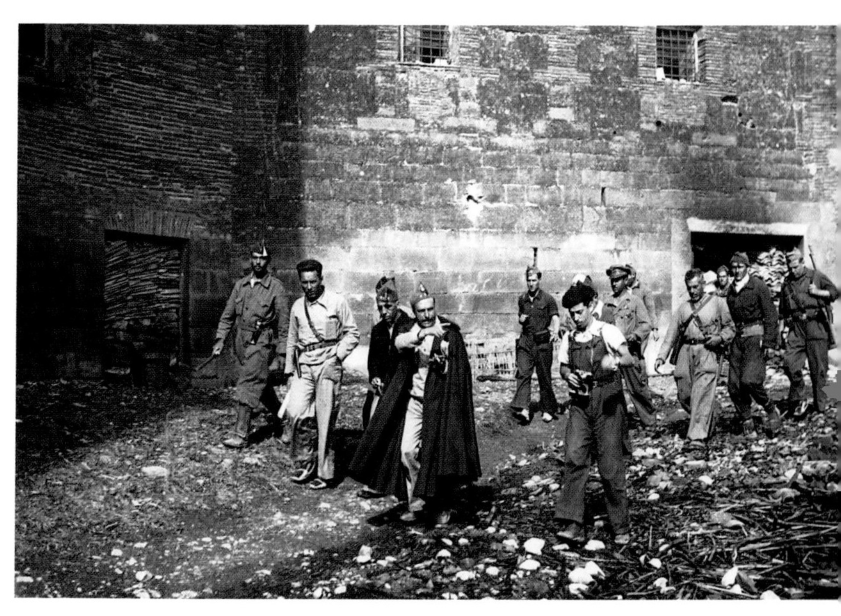

34. Sietamo, 1937

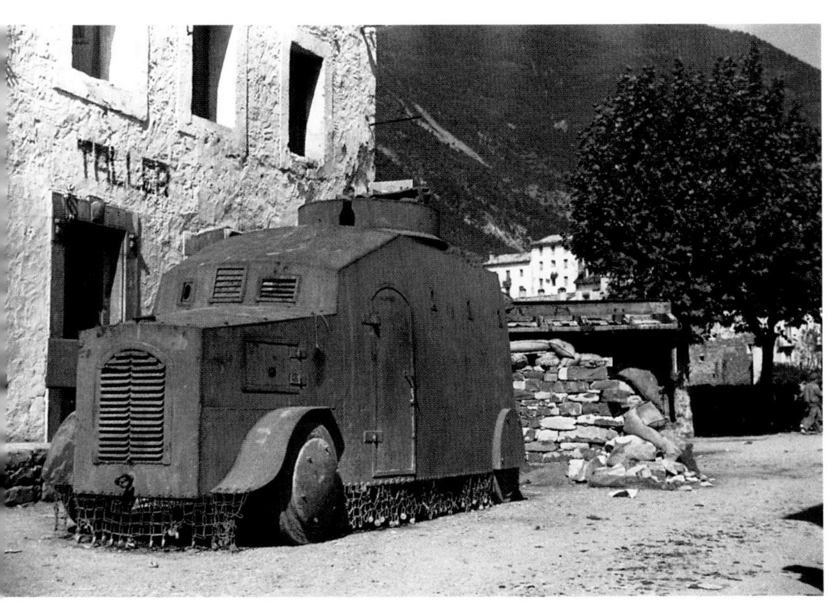

35. Biescas, 1937

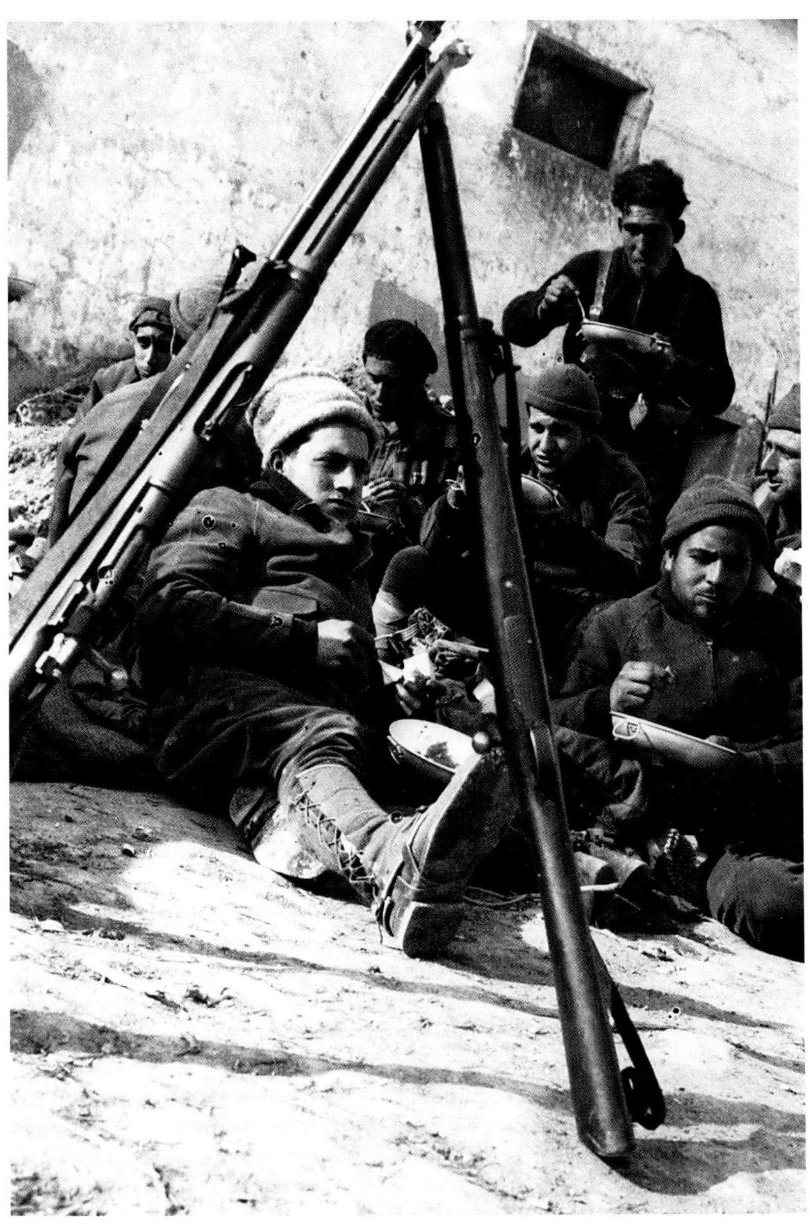

36. Sietamo, 1937

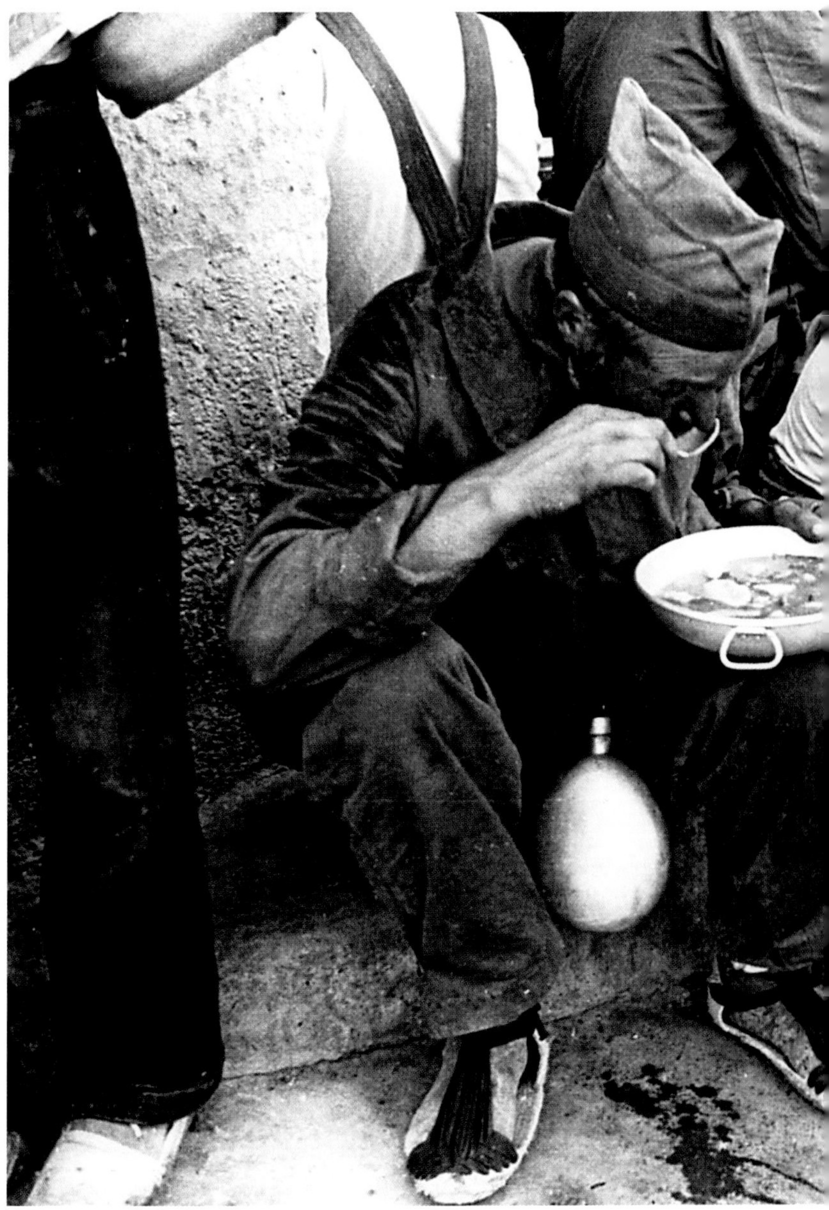

37. Alcañiz, 1937

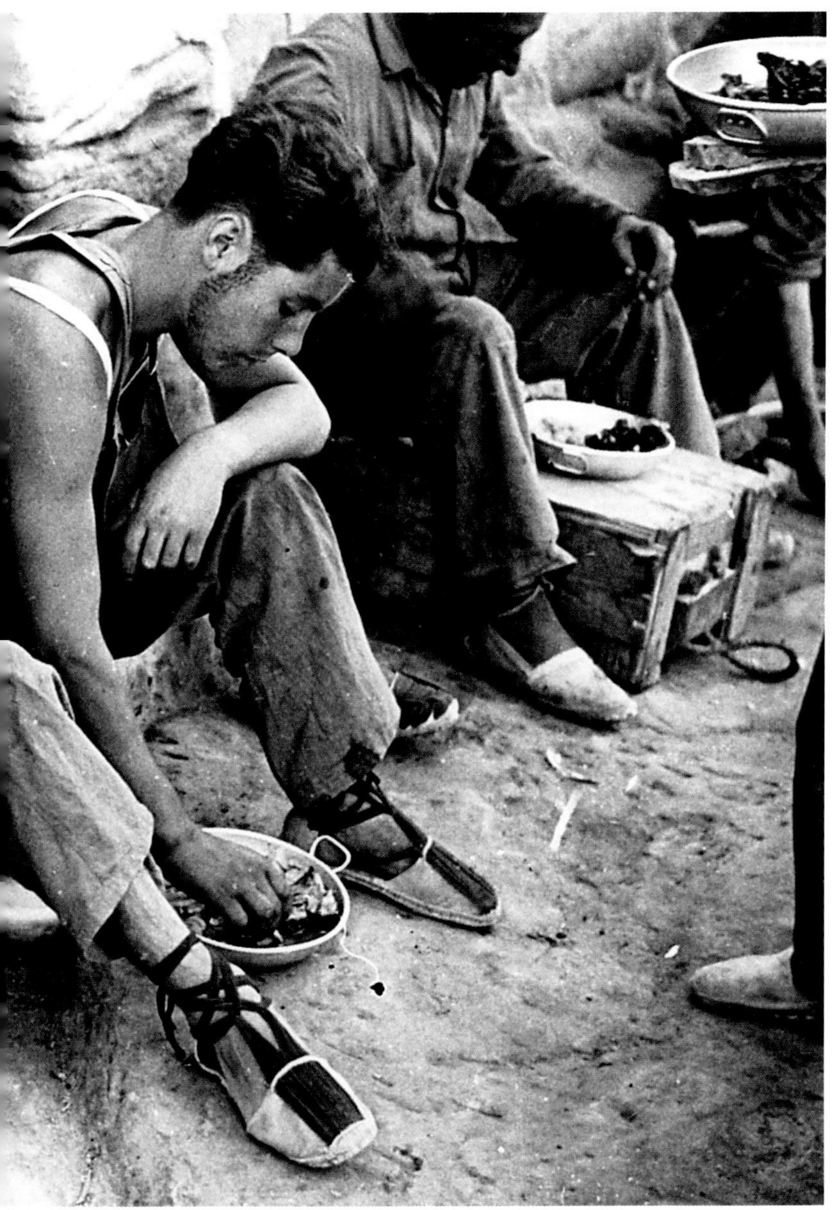

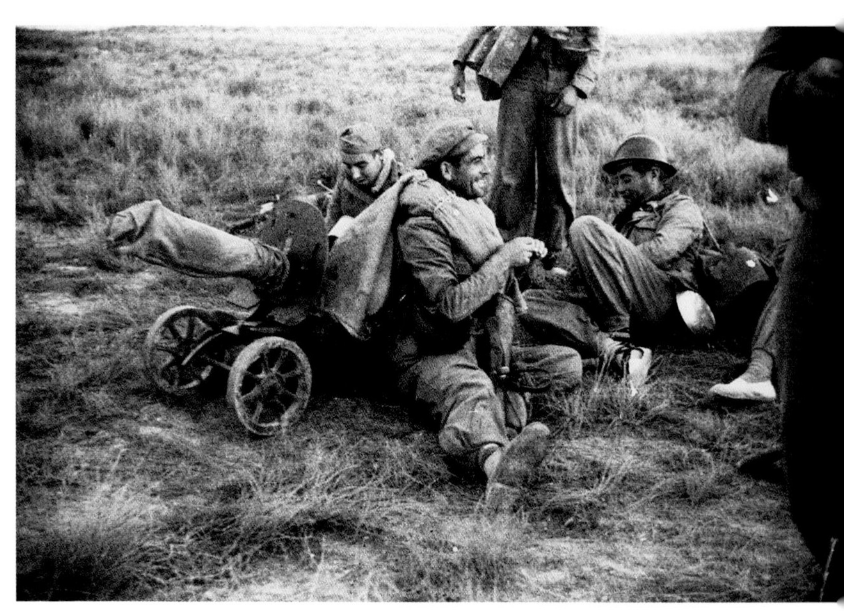

38. Frente de Aragón, 1937

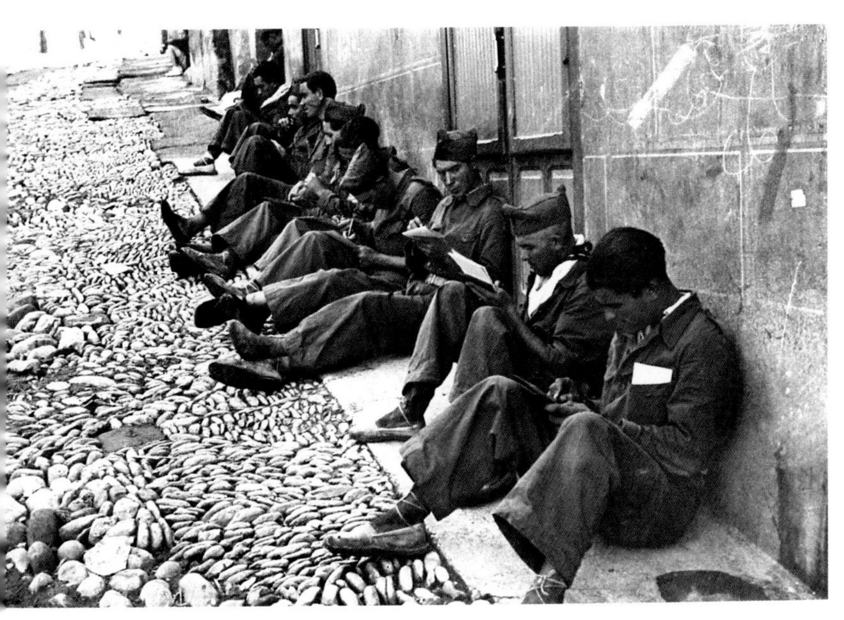

39. Alcañiz, 1937

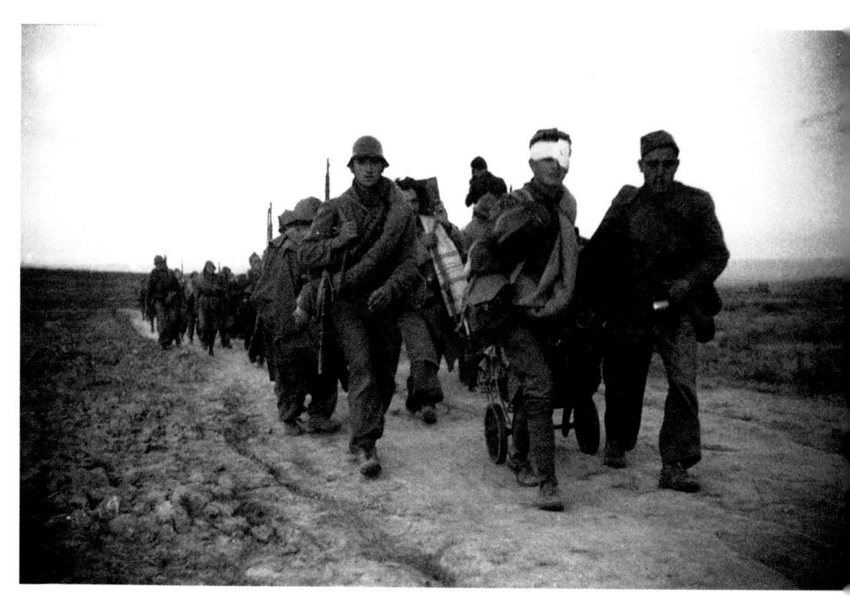

40. Columna Taelman en el frente de Aragón, 1937

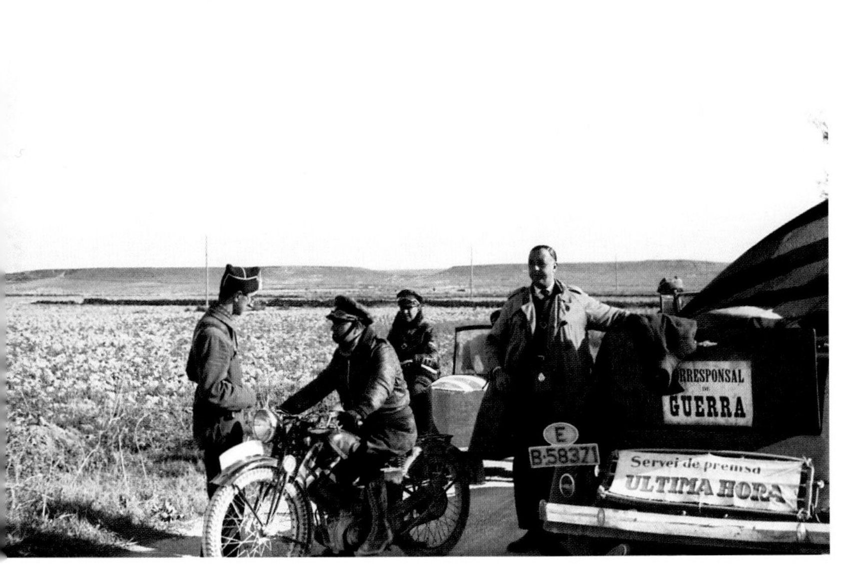

41. Corresponsales de guerra en el frente de Aragón, 1937

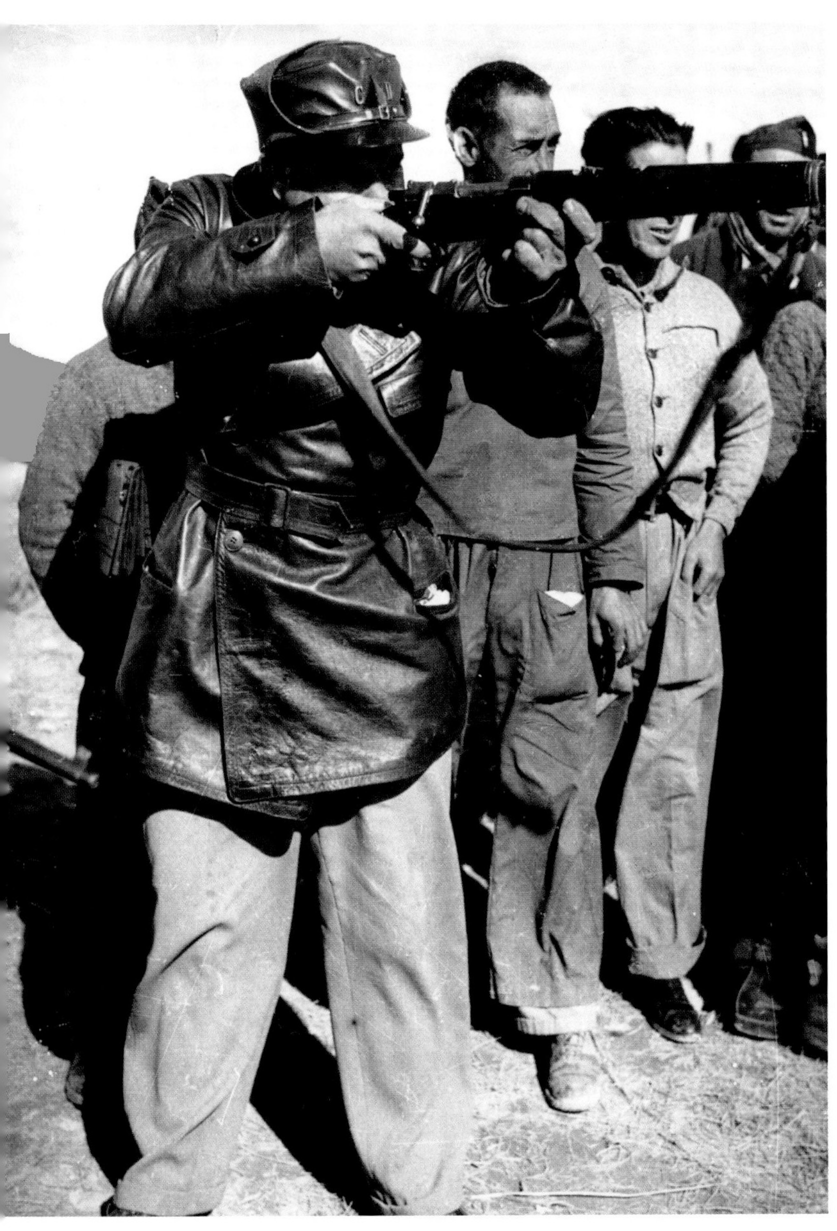

42. Durruti prueba su arma. Frente de Aragón, 1937

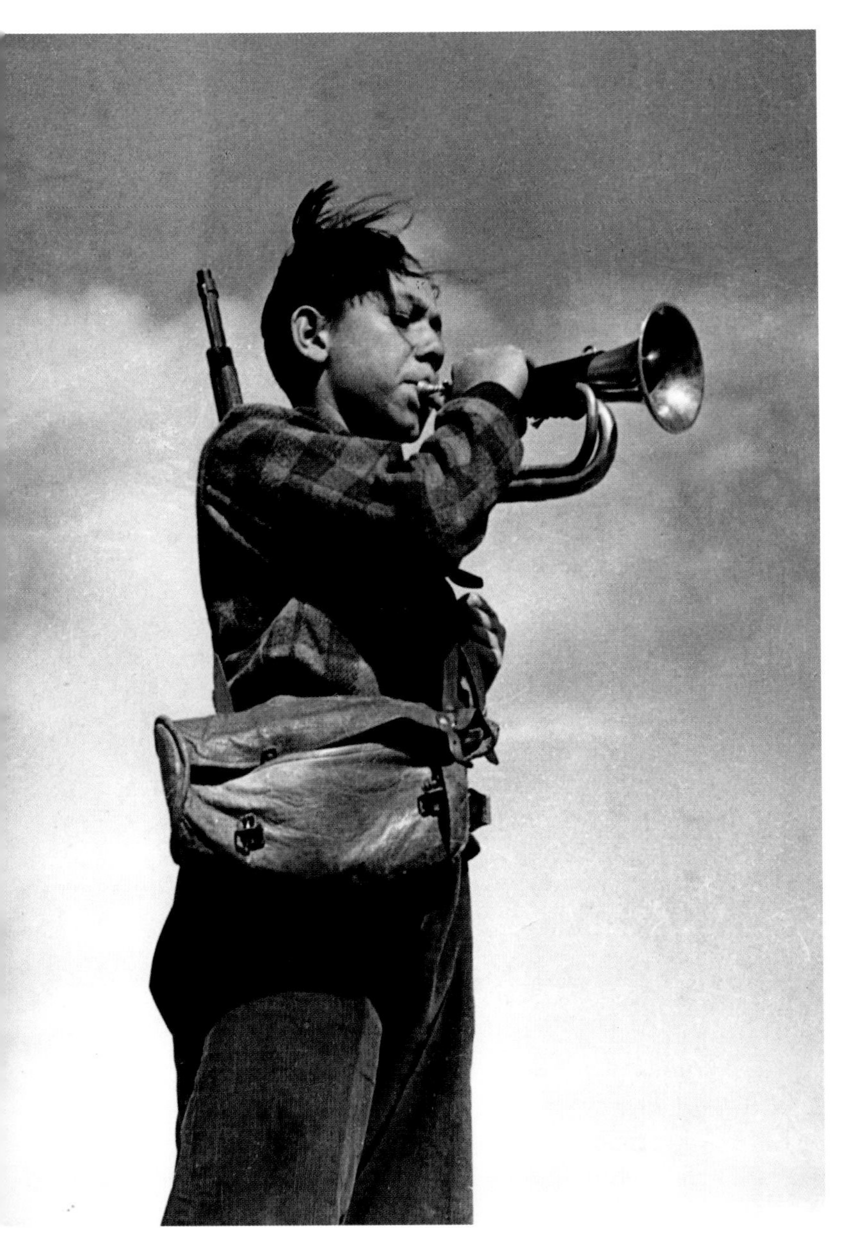

3. Voluntario corneta. Frente de Aragón, septiembre de 1936

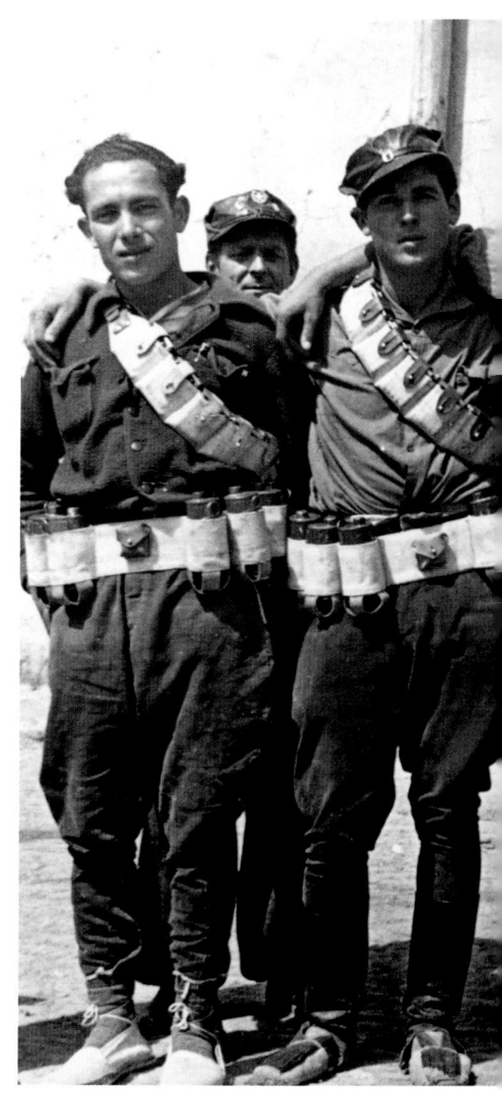

44. Frente de Aragón. Bujaraloz, 1937

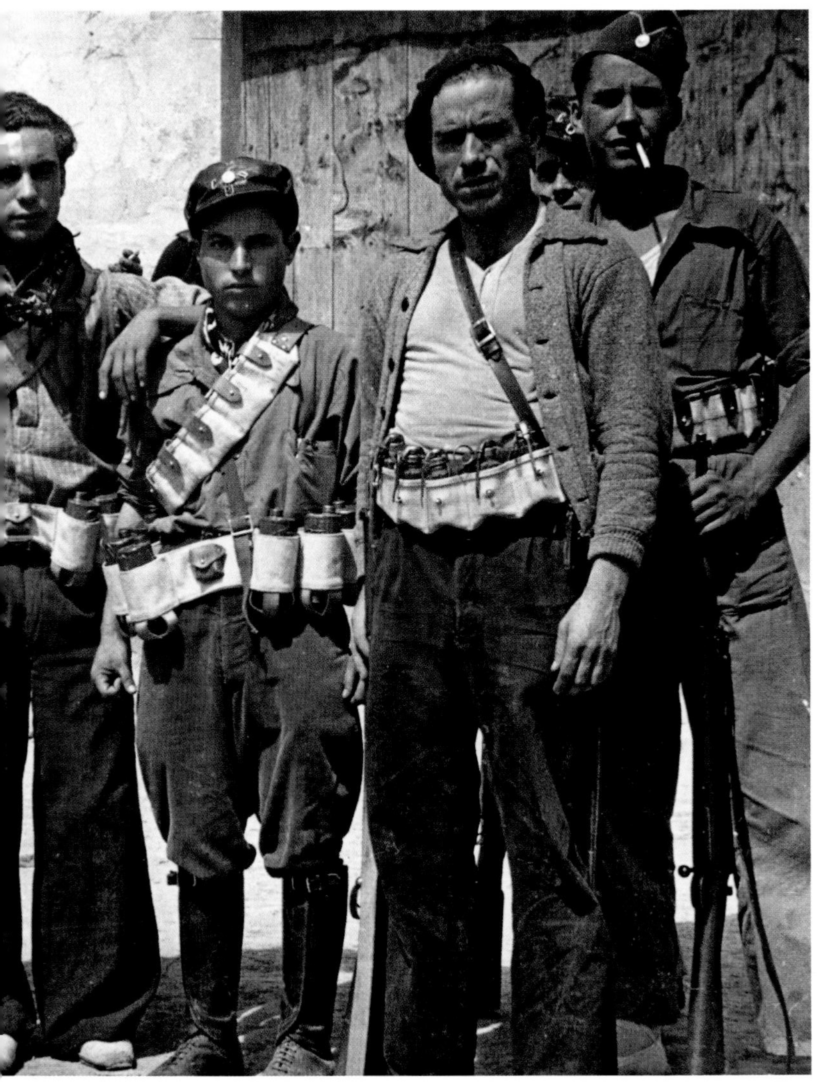

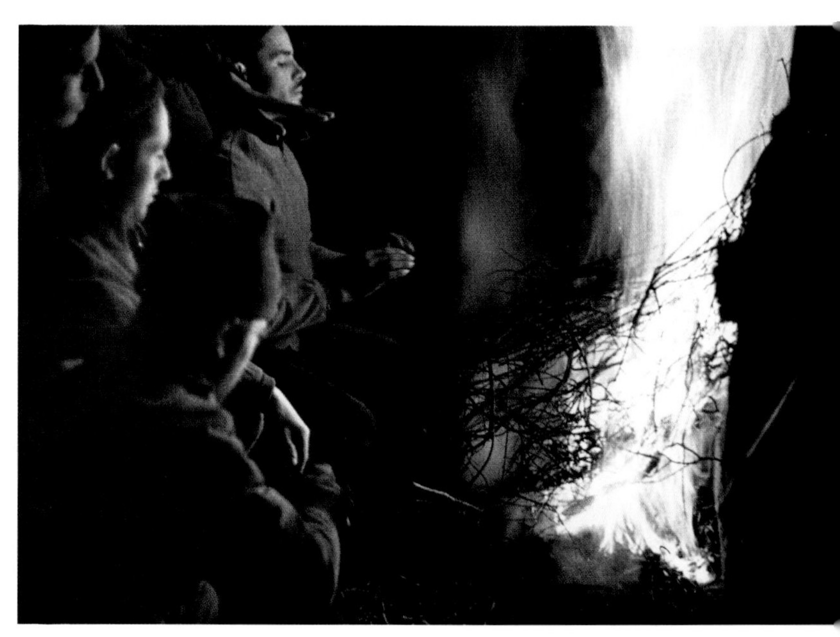

45. Frente de Aragón, 1937

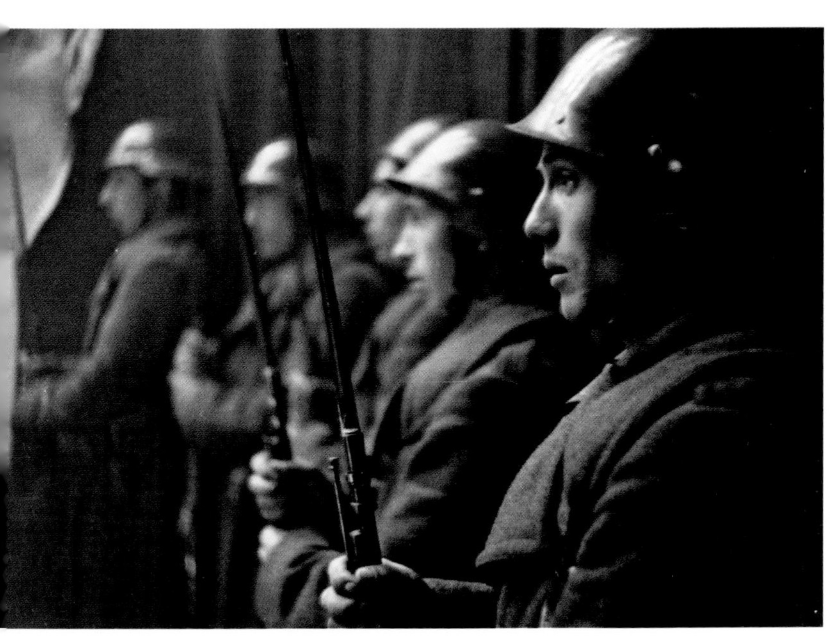

6. Mitin del POUM en el Grand Price

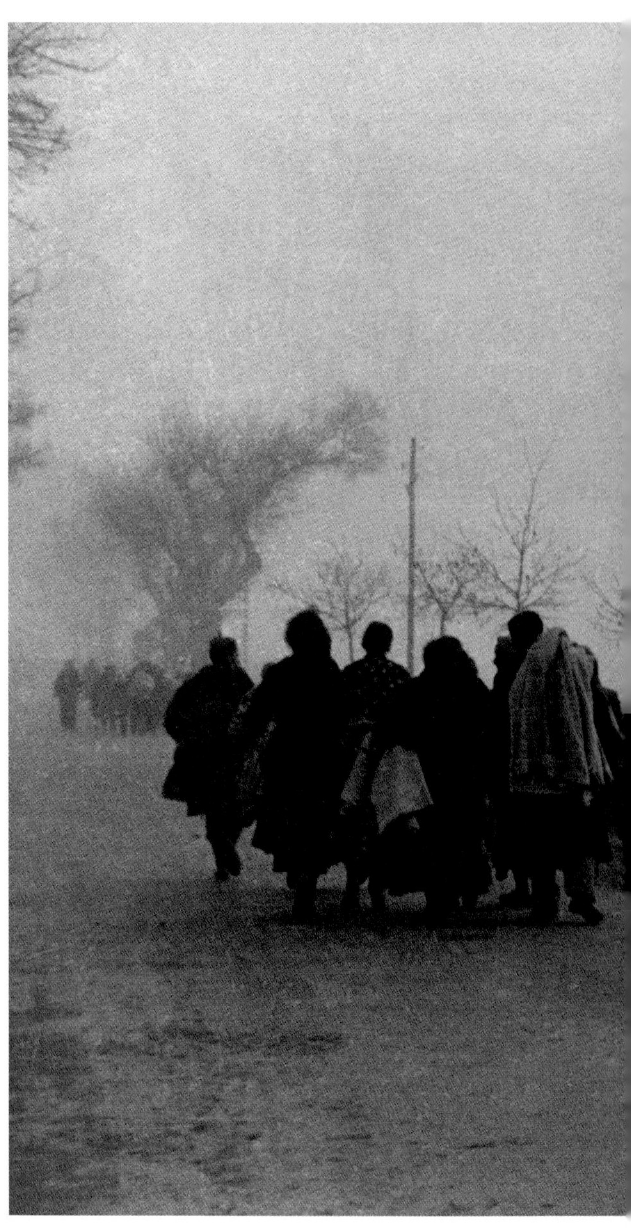

47. Teruel, 1937

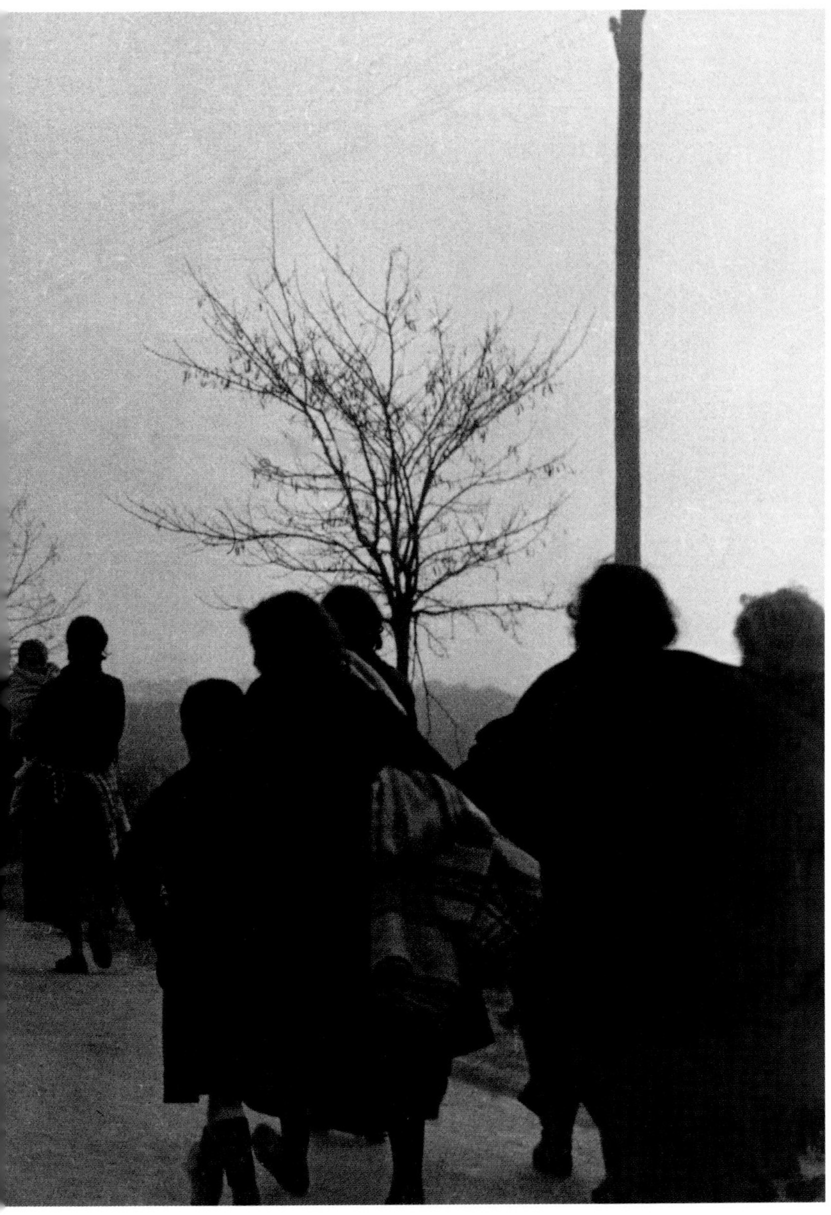

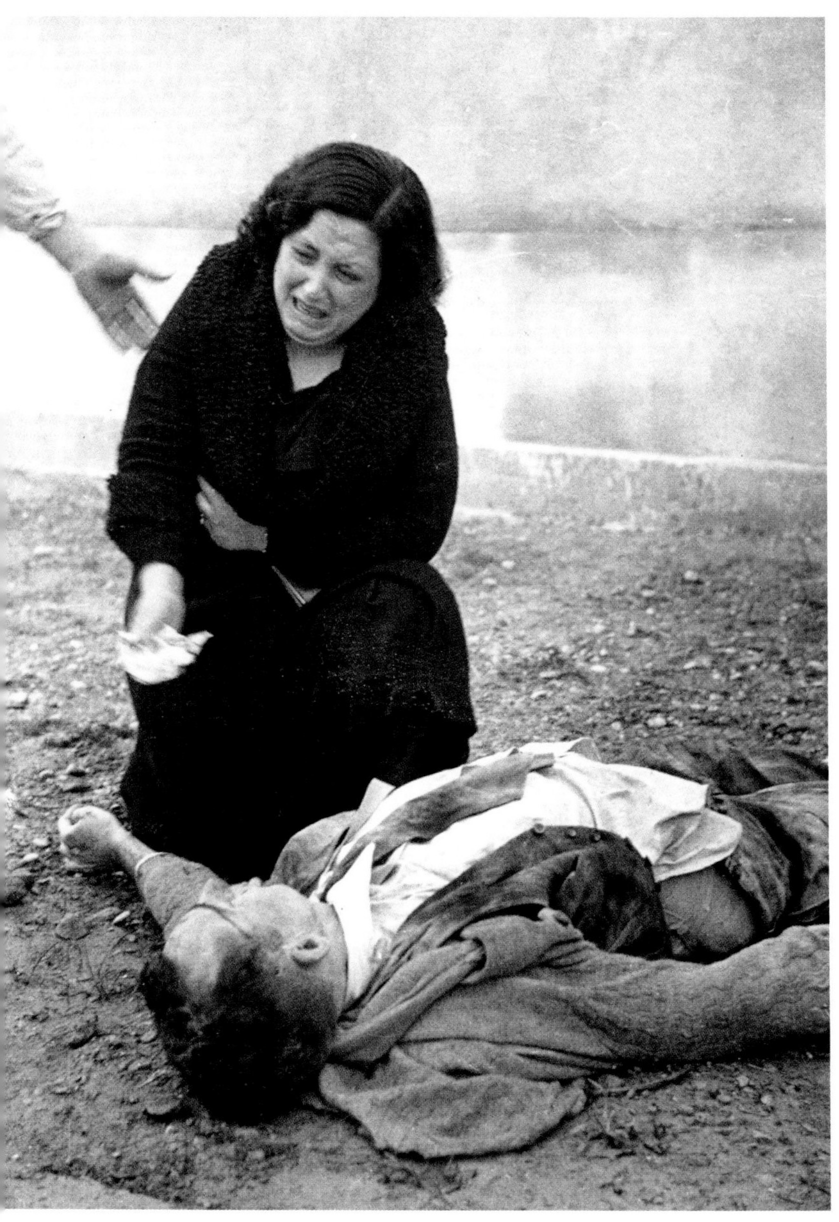

48. Bombardeo de Lérida, 2 de noviembre de 1937

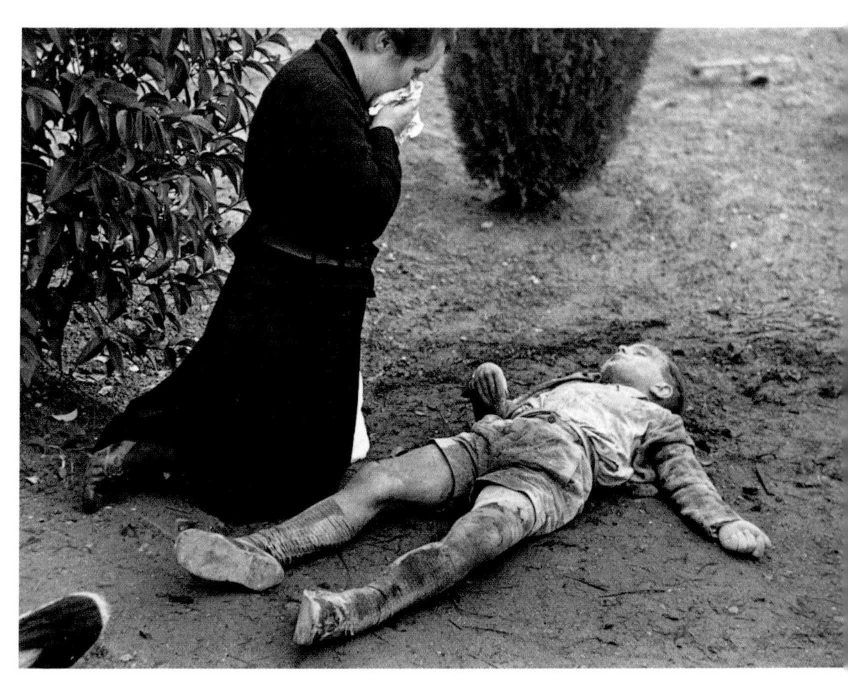

49. Bombardeo de Lérida, 2 de noviembre de 1937

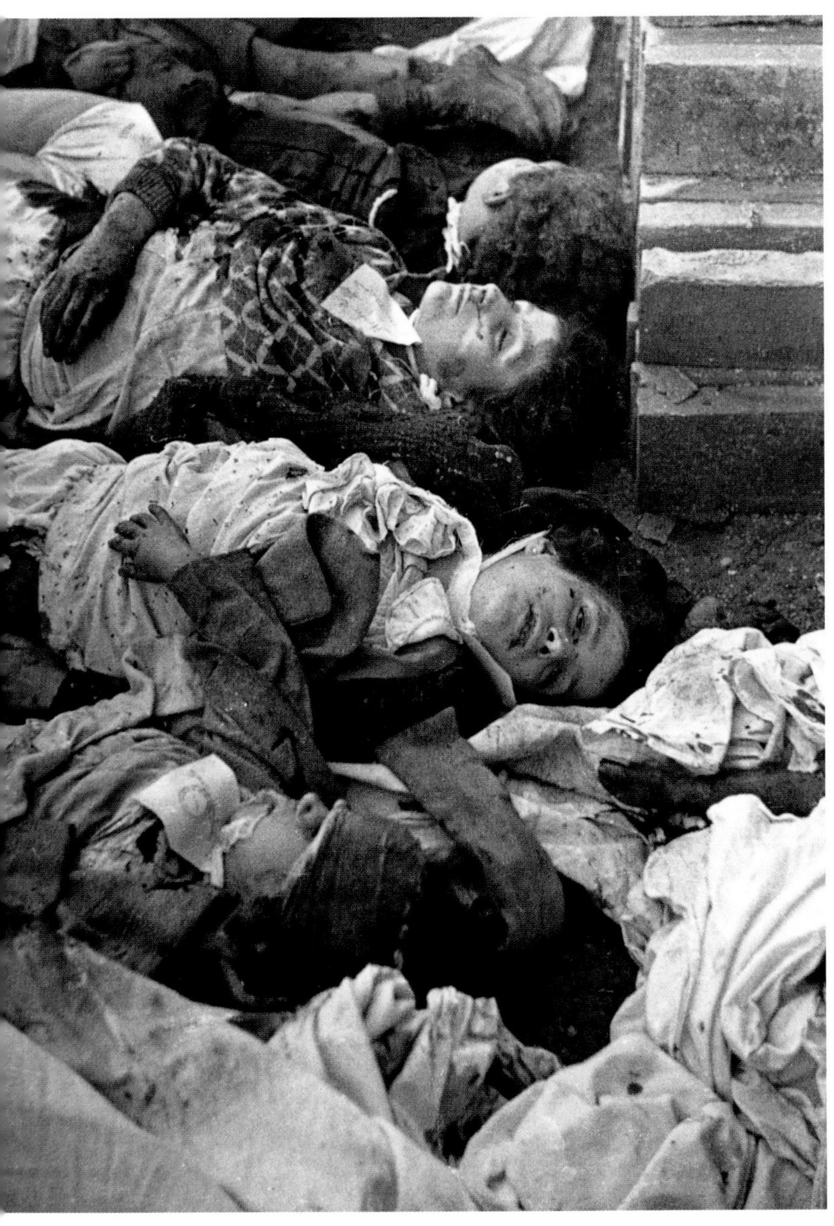

50. Víctimas del bombardeo de Lérida, 2 de noviembre de 1937

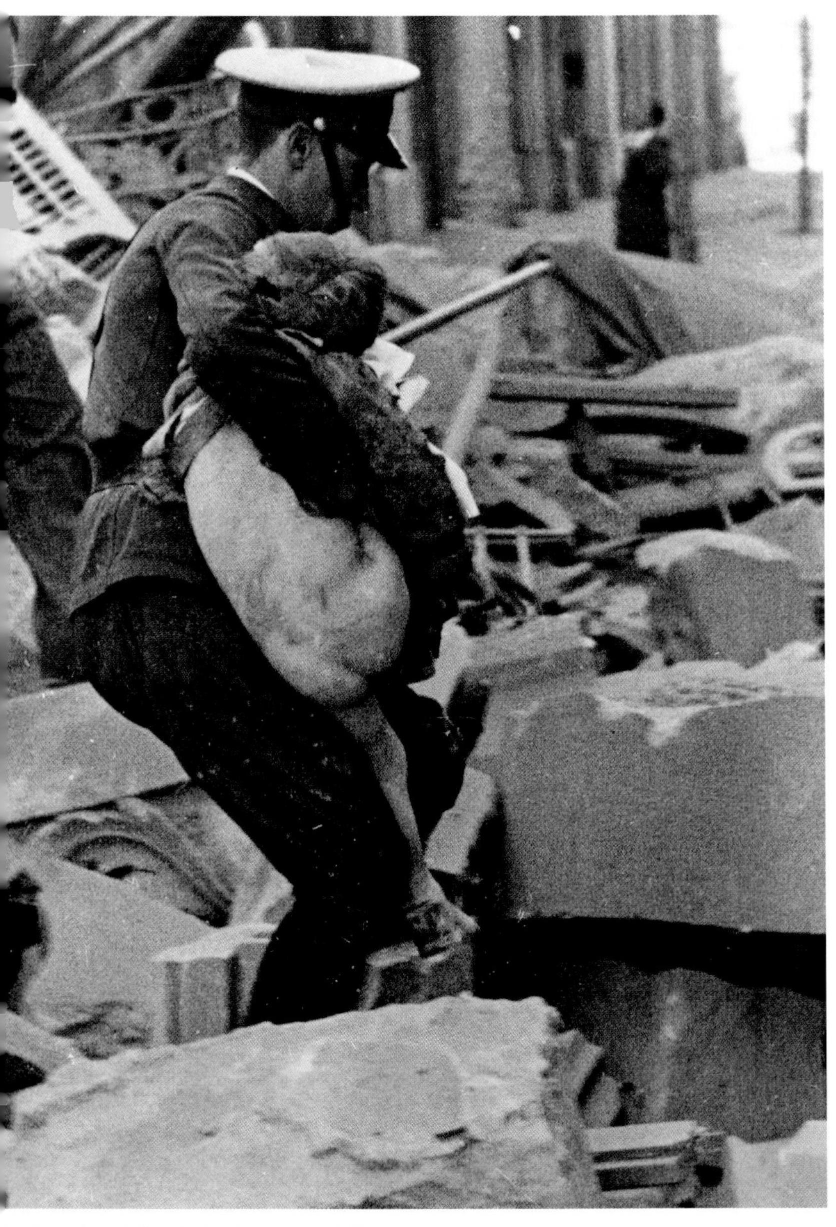

51. Bombardeo en la Gran Vía. Barcelona, marzo de 1938

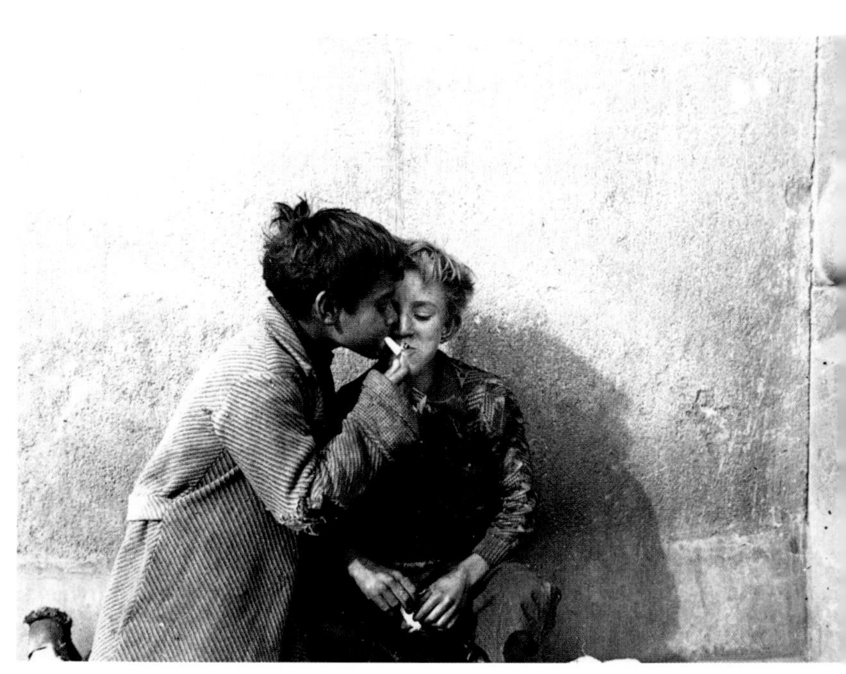

52. Montjuic, 1937

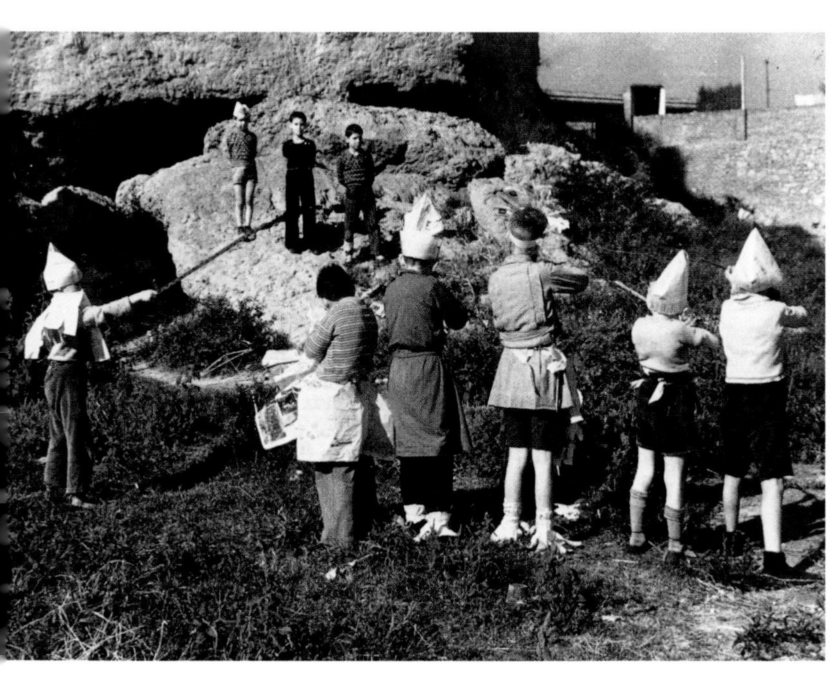

3. Juego de niños, 1936

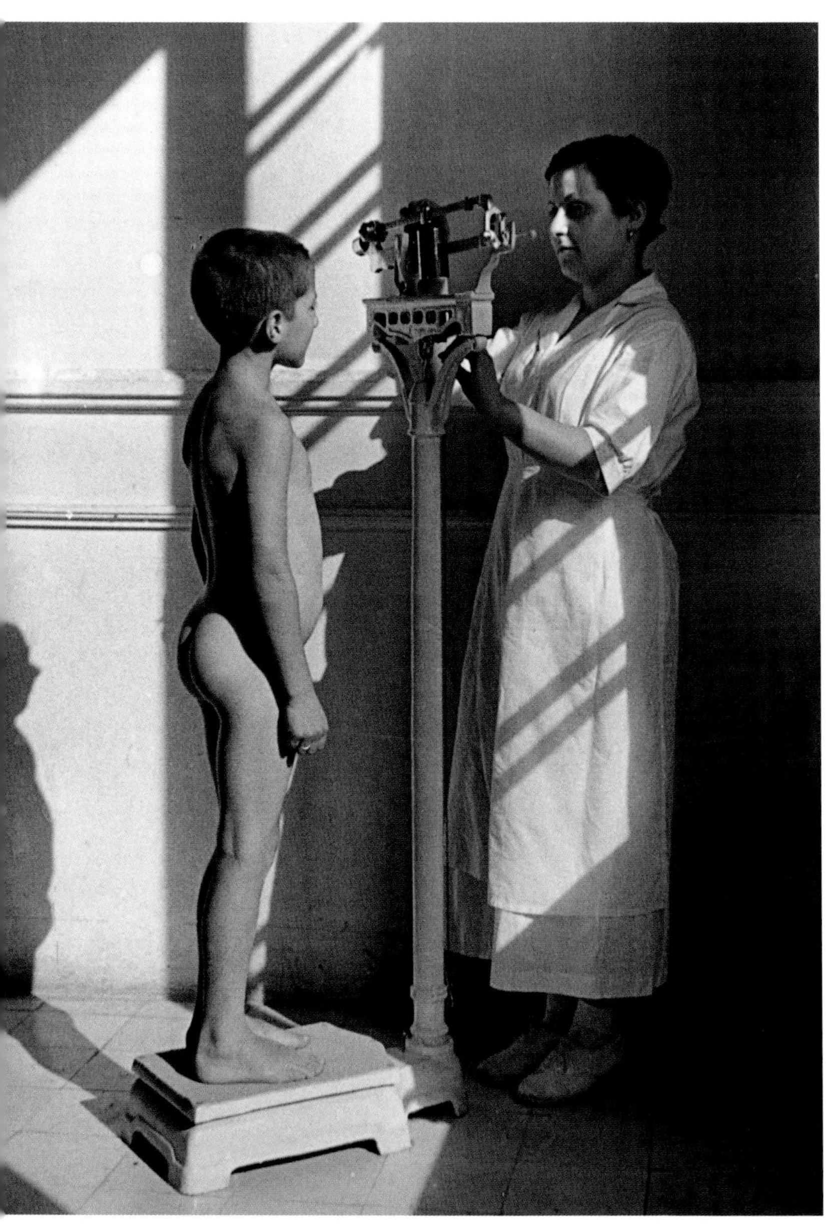

4. Residencia infantil Nadina Gruskaïa

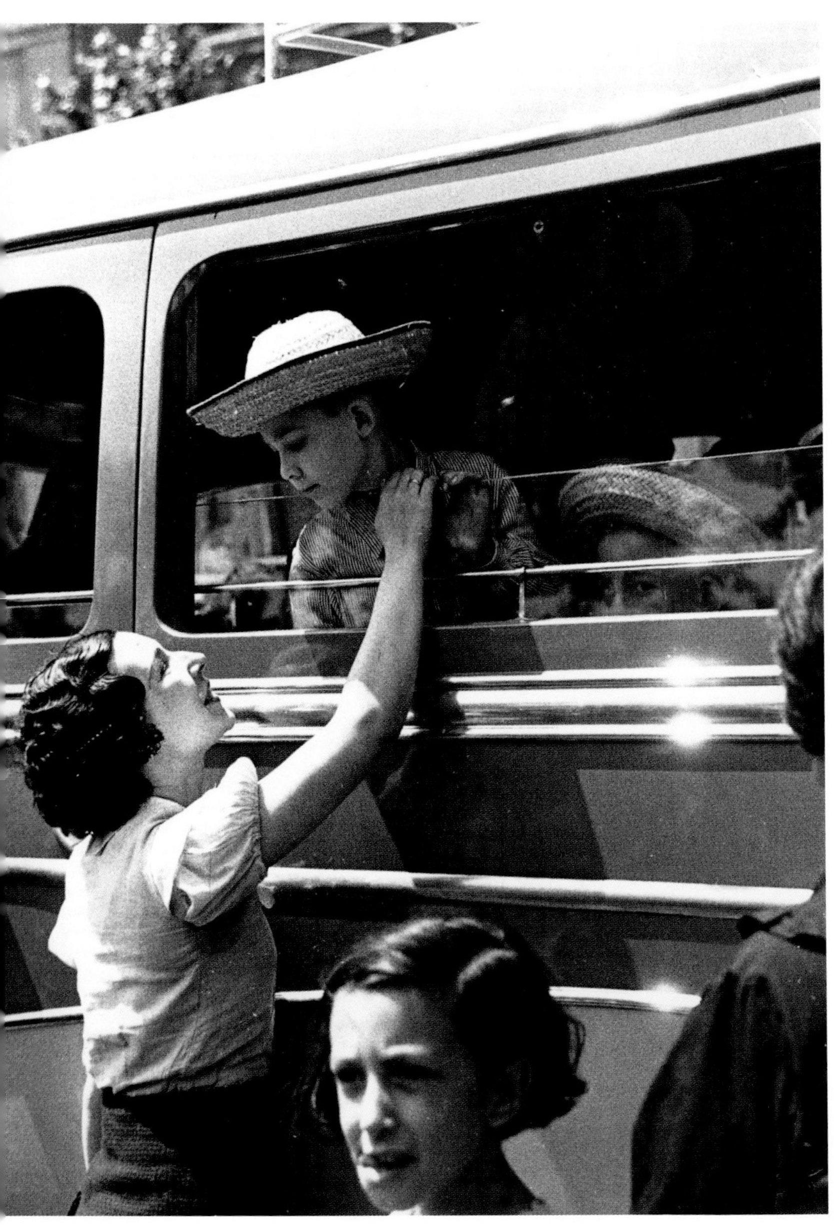

55. Colonias escolares, 1937

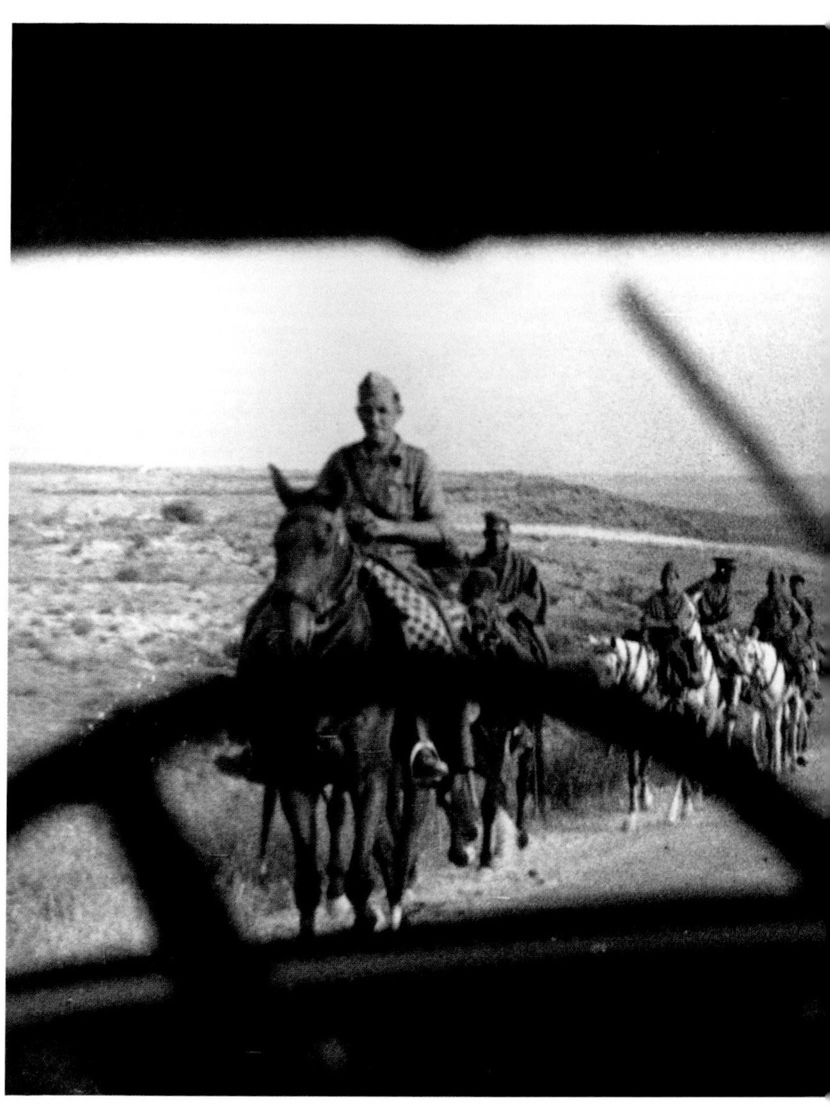

56. Frente de Aragón, septiembre de 1938

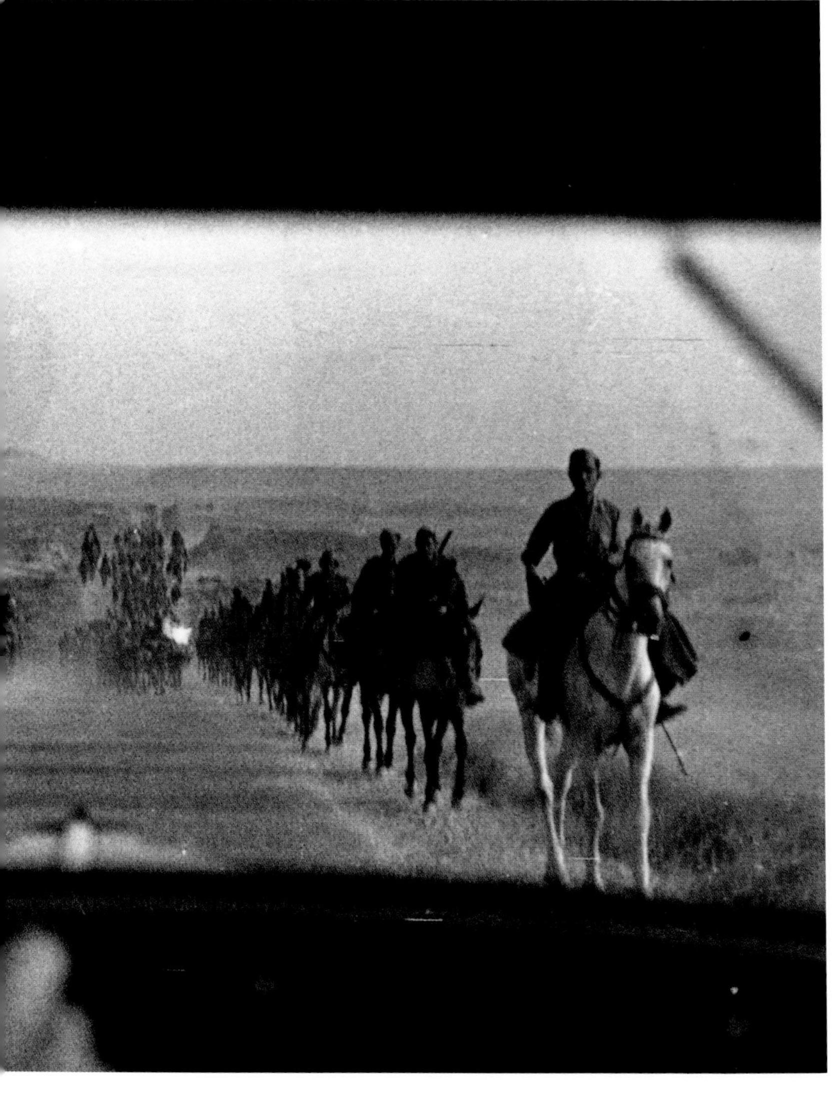

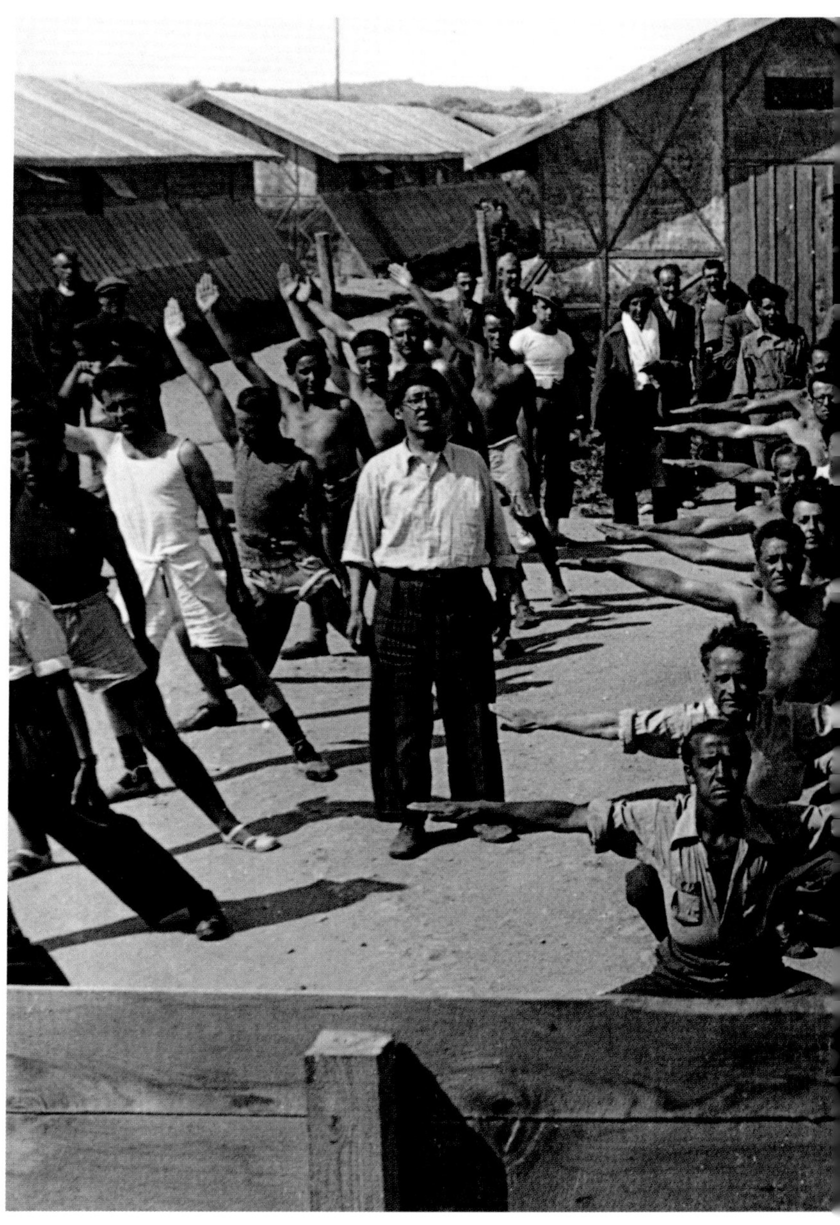

57. Campo de concentración de Bram. Francia, 1939

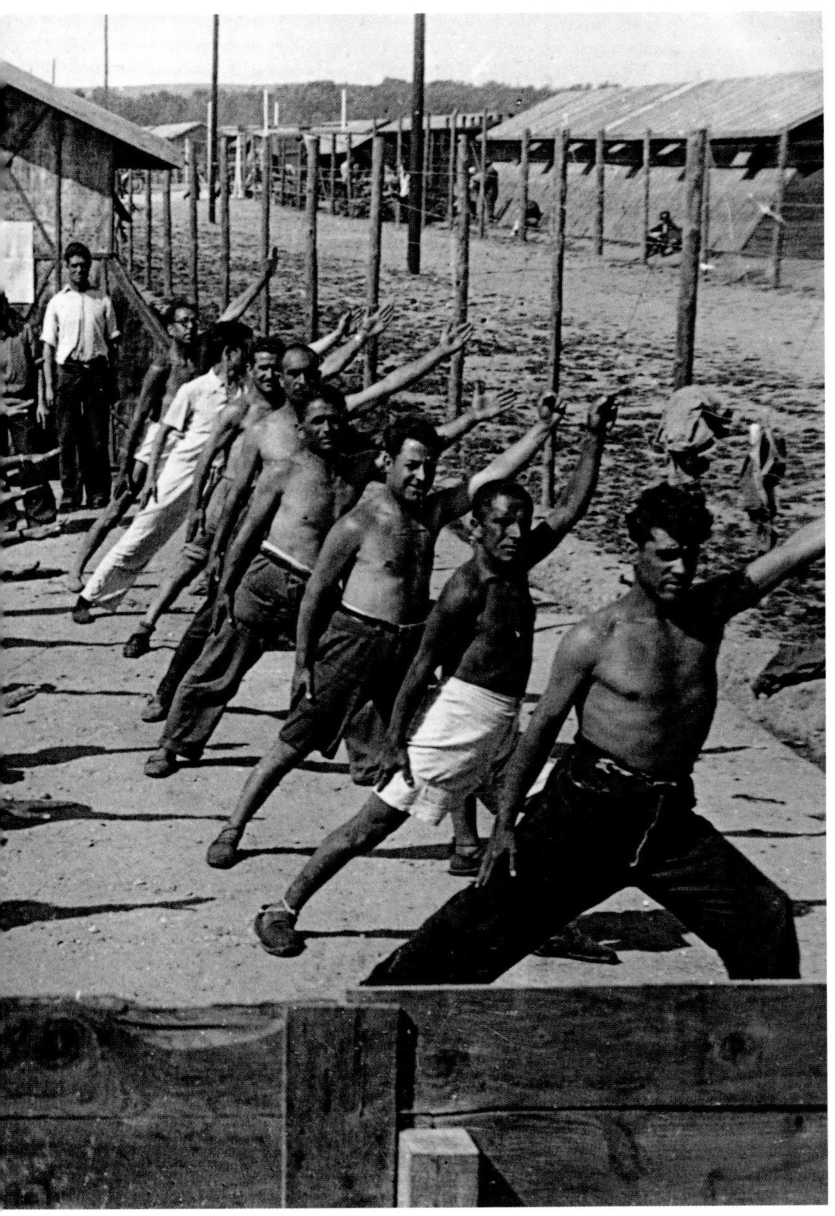

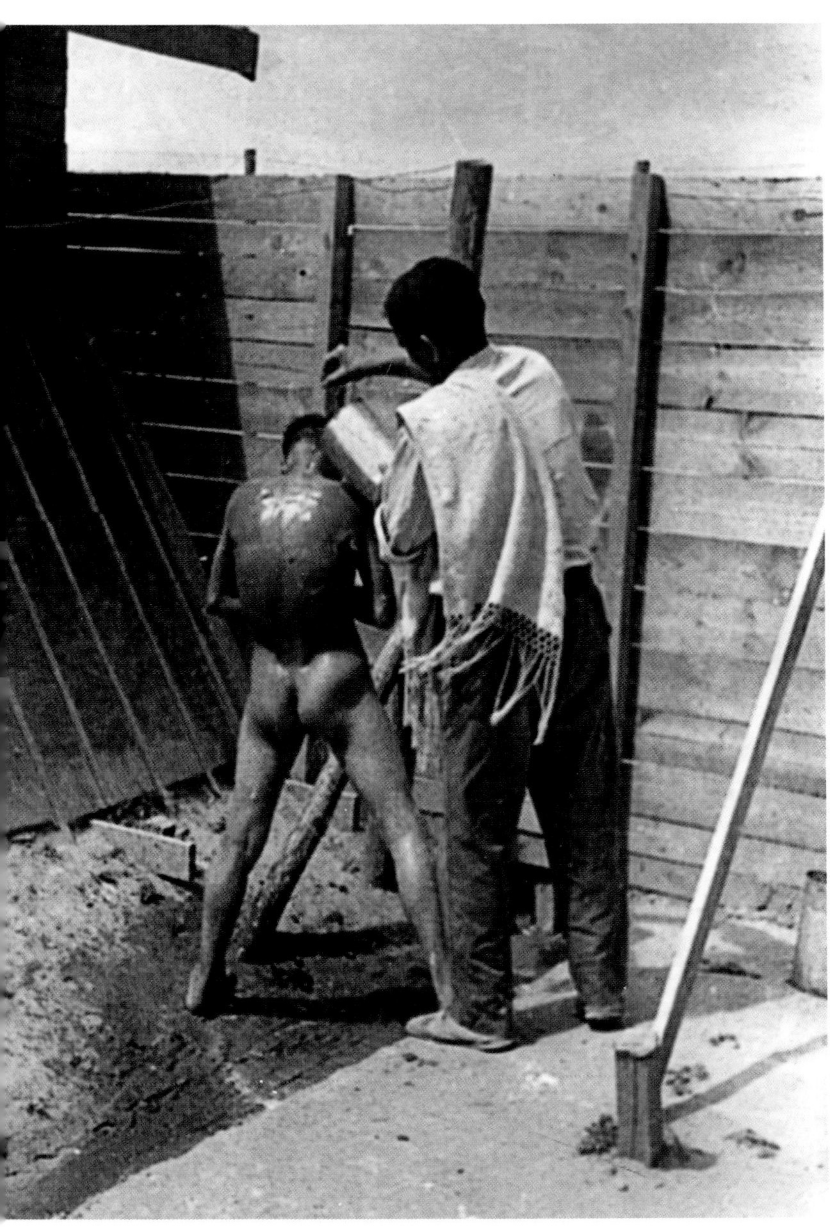

58. Campo de concentración de Bram. Francia, 1939

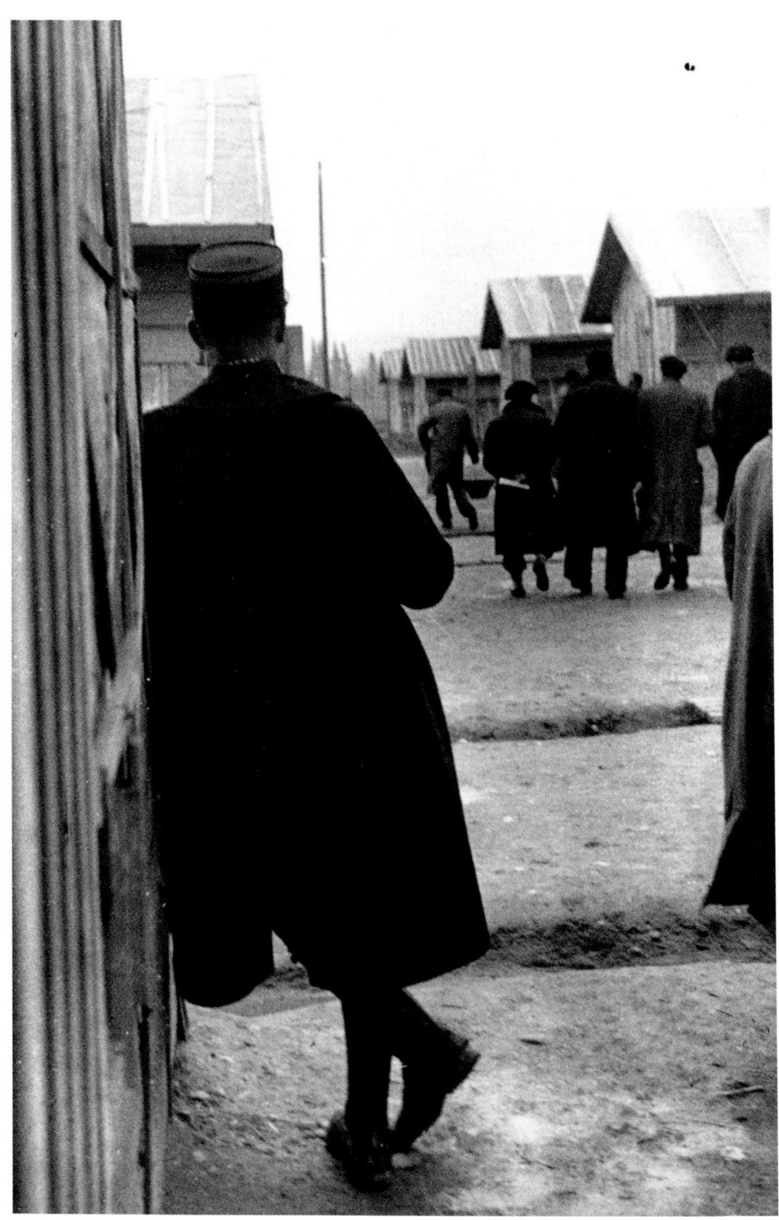

59. Campo de concentración de Bram. Francia, 1939

Cronología

Biografía

1909 Nace en El Grao, Valencia.

1910 Se traslada con su familia a Barcelona.

1925 Se inscribe como fotógrafo en la Agrupación Fotográfica
de Cataluña. Empieza a hacer sus primeros retratos en el
estudio de Ramón de Baños. Entra como aprendiz en la
sección de fotografía de *El Día Gráfico* y publica allí sus
primeras fotos.

1927 Comienza a trabajar con Ramón Badosa, considerado por
Centelles como el mejor reportero de Barcelona.

1932 Se independiza y hace reportajes de deportes, gente de la
calle, sucesos y espectáculos que vende a los periódicos.

1934 Compra su cámara Leica. Le cuesta 900 pesetas, que paga
en mensualidades de 100. Publica en *La Vanguardia, Diario
de Barcelona, Última Hora, La Opinión* y *La Rambla*.

1935 Contrae matrimonio civil con Eugenia Martí Montserrat.

1936 Fotografía el levantamiento militar del 19 de julio en las
calles de Barcelona. Se va al frente con las milicias
populares como reportero.

1937 Es movilizado por el ejército como encargado de los
servicios fotográficos del Comisariado de Propaganda.
Continúa publicando sus fotos del frente en los periódicos
de Barcelona. Nace su primer hijo, Sergi.

1939 Se le ordena salir de España y poner a salvo el archivo
fotográfico del ejército de Cataluña. Reúne en una maleta
unos cinco mil negativos y la custodia con éxito a lo largo de
su paso por los campos de concentración de Argelès-sur-
Mer, San Cebra del Roselló, Bacarós y Bram. Fotografía la
vida de los refugiados en los campos.

1940 Trabaja en un laboratorio de Carcasona y se une a un grupo
de la Resistencia francesa.

1944 Descubierto el grupo por la Gestapo decide volver a España.
Deja su maleta de negativos a una familia campesina de
Carcasona, entra clandestinamente y se reúne con su
familia.

1946 Decide presentarse a las autoridades. Es juzgado,
condenado y obtiene la libertad condicional, pero se le
prohíbe ejercer su profesión de reportero. Se dedica a la
fotografía industrial.

1947 Nace su hijo Octavi.

1976 Vuelve a Carcasona y recupera la maleta con los negativos.

1978 Comienza a exponer su trabajo. Se le inscribe de nuevo en
el Registro Oficial de Periodistas y se le entrega el carnet
de la Asociación de la Prensa de Barcelona.

1984 Se le concede el Premio Nacional de Artes Plásticas y
continúa exponiendo y publicando sus fotografías.

1985 Muere en Barcelona el primer día de diciembre.

Relación de exposiciones de Agustí Centelles i Ossó

1978 Local de CDC, Barcelona

1980 Espectrum Canon, Alcoi y Alicante

1981 Local PSUC, Barcelona

1982 Ayuntamiento de La Coruña

1982 Centre d'estudis catalans, París

1982 Galería Redor Canon, Madrid

1982 Espectrum Canon, Gerona

1983 Martorell (Barcelona)

1983 Galería Primer Plano, Barcelona

1986 Goodwin-Ternbach, Nueva York

1987 Galería Nueva Imagen, Pamplona

1987 Galería Visor, Valencia

1988 Palau Robert, Caixa de Catalunya, Barcelona

1989 Queen's College, Nueva York

1989 Escuela de Artes de Vic (Barcelona)

1989 Centro de Lectura de Reus (Barcelona)

1989 Casa Cultura Tomás de Lorenzana (Gerona)

1989 Sala La Carbonera de Olot (Gerona)

1989 Facultat de Ciencias de l'Informació, Universidad Autónoma
de Barcelona

1990 Espectrum Canon, Zaragoza

1990 Antiguo matadero de Figueres (Gerona)

1990 Museu Comarcal del Marisma, Mataró (Barcelona)

1991 Caixa Catalunya, Sabadell (Barcelona)

1991 Instituto Valenciano de Arte Moderno (IVAM), Valencia

1991 Cassà de la Selva (Gerona)

1992 Museu Monjo, Villassar de Mar (Barcelona)

1992 Caixa de Catalunya, Gavà (Barcelona)

1992 Fundació Tharrats, Pineda (Barcelona)

1992 Ayuntamiento de Banyotes (Gerona)

1993 Cineclub Vic (Barcelona)

1993 Casal Pere IV, Sabadell (Barcelona)

1993 Auditori de Cervera Lérida (Barcelona)

1994 Museu de Badalona (Barcelona)

1994 Tallesin Arts Centre, Swansca (Reino Unido)

1994 Photomuseum, Zarautz (Guipúzcoa)

1995 Espai d'art Olesa (Barcelona)

1995 Barberà del Valles (Barcelona)

1996 Embajada de España en Andorra

1997 Bercy Maison Doisneau, París

2001 Museu Nacional d'Art de Catalunya, Barcelona

2001 Hôtel de Sully, París

2002 Centro de Cultura Antiguo Instituto Jovellanos, Gijón

2004 El Cabanyal, Valencia

2004 Conseil General de l'Aude, Carcasona (Francia)

2005 Sala de exposiciones de Caixa Catalunya, Tarragona

2006 Palau de la Virreina. Instituto de Cultura de Barcelona (ICUB)

Julio Llamazares

Julio Llamazares (España, 1955) es uno de los creadores más sólidos y tenaces de la literatura española contemporánea. Enemigo de etiquetas y encasillamientos, su obra abarca prácticamente todos los registros literarios: poesía (*Memoria de la nieve*), viajes (*El río del olvido* y *Cuaderno del Duero*), novela (*Luna de lobos*, *La lluvia amarilla*), crónica (*El entierro de Genarín*), relato corto (*En mitad de ninguna parte*) y artículos en periódicos, en los que refleja todas sus obsesiones (*En Babia* y *Nadie escucha*).

Julio Llamazares (Spain, 1955) is one of contemporary Spanish literature's most solid and tenacious creators. A sworn enemy of labels and classifications, his work touches practically all literary registers: poetry (*Memoria de la nieve*), travel (*El río del olvido* and *Cuaderno del Duero*), novels (*Luna de lobos*, *La lluvia amarilla*), chronicles (*El entierro de Genarín*), short stories (*En mitad de ninguna parte*) and newspaper articles, where he reflects all his obsessions (*En Babia* and *Nadie escucha*).